青少年网球教学理论分析与技战术训练探究

盖华聪 ◎ 著

经济管理出版社

图书在版编目（CIP）数据

青少年网球教学理论分析与技战术训练探究/盖华聪著 .—北京：经济管理出版社，2023.9
ISBN 978-7-5096-9306-3

Ⅰ.①青… Ⅱ.①盖… Ⅲ.①青少年—网球运动—运动训练—体育教学 Ⅳ.①G845.2

中国国家版本馆CIP数据核字（2023）第183978号

组稿编辑：张馨予
责任编辑：张馨予
责任印制：黄章平
责任校对：王淑卿

出版发行：经济管理出版社
（北京市海淀区北蜂窝8号中雅大厦A座11层　100038）
网　　址：www.E-mp.com.cn
电　　话：（010）51915602
印　　刷：唐山玺诚印务有限公司
经　　销：新华书店
开　　本：720mm×1000mm/16
印　　张：15
字　　数：228千字
版　　次：2023年10月第1版　2023年10月第1次印刷
书　　号：ISBN 978-7-5096-9306-3
定　　价：88.00元

·版权所有　翻印必究·
凡购本社图书，如有印装错误，由本社发行部负责调换。
联系地址：北京市海淀区北蜂窝8号中雅大厦11层
电话：（010）68022974　邮编：100038

前　言

作为世界四大绅士运动之一，网球运动是一项集时尚与观赏性于一体的体育运动。它对人体的身体素质要求很高，具有强身健体、益智健心、运动量可控等诸多优点。网球运动因其自身特点，成为青少年非常喜爱的一种球类运动。在网球场上，青少年们奋力击球、顽强拼搏的身影成为一道道亮丽的风景线。

随着科学技术以及相关学科的迅速发展，网球运动的理论和实践也在不断创新与发展。虽然我国的网球运动发展水平有了一定程度的提高，但是距离国际顶尖水平仍有不小的差距。网球运动要想得到更好的发展，展现出更高的水平，其技战术训练方法以及现代化技术的应用等具有非常重要的作用。

同时，青少年对于未来中国的发展起到了关键的作用，网球运动也是一样。要想让我国的网球事业更上一层楼，逐渐与世界网球水平接轨，必须要大力培养青少年网球运动员。本着发展我国青少年网球运动的宗旨，网球教育工作者要致力于网球运动技战术训练理论、方法的研究，从多角度、多层面探索提升网球技战术训练水平的手段，研究网球训练优化发展的对策。

本书共包括八章。第一章是网球运动概述，包括网球运动的起源与发展、网球运动的特点与价值、我国网球运动的历程与现状、现代网球的发展趋势；第二章是青少年网球运动训练的基本理论，主要内容有不同年龄阶段的训练目标与内容、网球训练的原则与方法、网球训练计划的制订、青少年网球运动员的选材；第三章是网球运动的基本技术训练，包括握拍和步法的科学训练、正反手击球技术的科学训练、接发球技术的科学训练、网球进阶技术的科学训练；第四章是网球运动战术教学与训练，主要内容有网球战术基本理论、网球单打战术教学与训练、网球双打战术教学与训练；第五章是青少年网球运动员的身体素质训练，内容有网球运动中身体素质训练的重要性、青少年网球运动员的身体素质发育敏感期、青少年网球运动员身体素质训练的特征、青少年网球运动员体能训练理念及训练内容；第六章是青少年网球运动员的心理素质训练，内容包括心理学基本知识、青少年网球运动员的心理特点和心理素质、网球运动心理素质训练的内容和方法；第七章是青少年网球运动中的营养与伤病处理，包括网球运动中的营养消耗与补充、网球运动中的损伤护理、网球运动中的疾病处理；第八章对现代技术在网球运动训练中的应用进行研究，主要内容有多媒体技术在网球运动训练中的应用、微信公众平台在网球运动训练中的应用、短视频在青少年网球运动中的应用、其他技术在网球运动训练中的应用。

  作者在写作过程中参考了许多相关的研究成果，在此要向这些专家学者表达诚挚的谢意！由于作者的水平和精力有限，尽管在写作过程中力求完美，但是不足之处在所难免，恳请各位专家、读者不吝赐教。

作　者
2023 年 4 月

目 录

第一章　网球运动概述 ⋯⋯⋯⋯⋯⋯⋯⋯⋯⋯⋯⋯⋯⋯⋯⋯⋯⋯⋯⋯⋯ 1

　　第一节　网球运动的起源与发展 ⋯⋯⋯⋯⋯⋯⋯⋯⋯⋯⋯⋯⋯⋯⋯ 1
　　第二节　网球运动的特点与价值 ⋯⋯⋯⋯⋯⋯⋯⋯⋯⋯⋯⋯⋯⋯⋯ 5
　　第三节　我国网球运动的历程与现状 ⋯⋯⋯⋯⋯⋯⋯⋯⋯⋯⋯⋯ 10
　　第四节　现代网球的发展趋势 ⋯⋯⋯⋯⋯⋯⋯⋯⋯⋯⋯⋯⋯⋯⋯ 19

第二章　青少年网球运动训练的基本理论 ⋯⋯⋯⋯⋯⋯⋯⋯⋯⋯⋯ 29

　　第一节　不同年龄阶段的训练目标与内容 ⋯⋯⋯⋯⋯⋯⋯⋯⋯⋯ 29
　　第二节　网球训练的原则与方法 ⋯⋯⋯⋯⋯⋯⋯⋯⋯⋯⋯⋯⋯⋯ 38
　　第三节　网球训练计划的制订 ⋯⋯⋯⋯⋯⋯⋯⋯⋯⋯⋯⋯⋯⋯⋯ 48
　　第四节　青少年网球运动员的选材 ⋯⋯⋯⋯⋯⋯⋯⋯⋯⋯⋯⋯⋯ 60

第三章　网球运动的基本技术训练 ⋯⋯⋯⋯⋯⋯⋯⋯⋯⋯⋯⋯⋯⋯ 64

　　第一节　握拍和步法的科学训练 ⋯⋯⋯⋯⋯⋯⋯⋯⋯⋯⋯⋯⋯⋯ 64
　　第二节　正反手击球技术的科学训练 ⋯⋯⋯⋯⋯⋯⋯⋯⋯⋯⋯⋯ 70
　　第三节　接发球技术的科学训练 ⋯⋯⋯⋯⋯⋯⋯⋯⋯⋯⋯⋯⋯⋯ 79
　　第四节　网球进阶技术的科学训练 ⋯⋯⋯⋯⋯⋯⋯⋯⋯⋯⋯⋯⋯ 87

第四章　网球运动战术教学与训练 ········· 95

第一节　网球战术基本理论 ········· 95
第二节　网球单打战术教学与训练 ········· 103
第三节　网球双打战术教学与训练 ········· 112

第五章　青少年网球运动员的身体素质训练 ········· 128

第一节　网球运动中身体素质训练的重要性 ········· 128
第二节　青少年网球运动员的身体素质发育敏感期 ········· 138
第三节　青少年网球运动员身体素质训练的特征 ········· 140
第四节　青少年网球运动员体能训练理念及训练内容 ········· 143

第六章　青少年网球运动员的心理素质训练 ········· 148

第一节　心理学基本知识 ········· 148
第二节　青少年网球运动员的心理特点和心理素质 ········· 161
第三节　网球运动心理素质训练的内容和方法 ········· 165

第七章　青少年网球运动中的营养与伤病处理 ········· 170

第一节　网球运动中的营养消耗与补充 ········· 170
第二节　网球运动中的损伤护理 ········· 180
第三节　网球运动中的疾病处理 ········· 192

第八章　现代技术在网球运动训练中的应用 ········· 201

第一节　多媒体技术在网球运动训练中的应用 ········· 201
第二节　微信公众平台在网球运动训练中的应用 ········· 212
第三节　短视频在青少年网球运动中的应用 ········· 218
第四节　其他技术在网球运动训练中的应用 ········· 222

参考文献 ········· 228

第一章 网球运动概述

第一节 网球运动的起源与发展

一、网球运动的起源

网球运动作为世界第二大球类运动,它源自公元12世纪左右法国的一种用手掌击球的游戏。起初是对墙击球,后来演变为两人对击。在两人之间横拉起一根绳子,双方隔着绳子用手将布缝制的、里面塞以毛发的球打过来打过去,这种游戏最初在室内进行,后来转为室外,这就是古式网球的雏形。[①]

14世纪中叶,法国一位诗人在宫廷中传播"掌击球"这个球类游戏,使其成为皇室贵族的消遣游戏。皇室贵族主要是在宫廷大厅玩这个游戏,游戏中用的球制作简单,即用绳子缠绕布球。没有球网和球拍,只在场地中间牵一根绳子作为分界线,游戏者用手击球,将球打来打去,这个游戏在法语中叫作tennez,在英语中叫"Take it! Play",是"抓住!打过去"的意思,这也是"网球"(tennis)一词的来源。不久之后出现了球拍,是用木板制作而成的简

---

① 陈祥慧,胡锐,张保华. 网球运动理论与实践[M]. 广州:广州中山大学出版社,2021.

易球拍。

16世纪初，法国国民发现了这项有趣的球类游戏，于是纷纷开始参与，之后法国各大城市都出现了这一游戏，同时游戏用具也随着游戏的传播而不断得到改良。例如，人们使用的球越来越结实，耐用性强，羊皮纸板的球拍代替了木板球拍，不管是握柄粗细还是拍面面积都较之前有了增加。场地中间挂了很多垂向地面的短绳，这样就能很明显地发觉经过绳下的球。后来法国国王规定这个游戏只能出现在宫廷中，是皇室贵族的特权游戏，禁止民间玩这种游戏。

二、网球运动的发展

1. 初期的网球运动

17世纪初，小方格网子代替了场地中间的绳帘，轻巧便利、弹性较大的穿线网拍也代替了羊皮纸板球拍。不仅球拍发生了变化，而且网球的变化也很明显。最初人们所使用的网球比较柔软，主要是用羊毛和麻制作而成，弹力不是很大，这主要是因为在当时网球场地比较小，在运动过程中参与者都穿着宫廷服饰，人们的跑动范围不是很大，这使得人们对球的弹性没有过高的要求。随着这项运动的发展，人们对这项运动的要求也越来越高。

17世纪中后期，法国皇室贵族在宫廷中参与这一游戏时，会在作为游戏场地的宫廷大厅中放一只金色容器，游戏结束后将奖励胜利者的金钱投入容器中。刚开始法国皇室贵族是为了鼓励玩游戏和奖励胜利者才放置容器的，后来却具有了赌博的性质，而且赌博数目越来越大，甚至有人因此输光家产，于是法国国王对这一游戏下了禁令，导致网球运动在18世纪初期走向衰落。

2. 快速发展的网球运动

1873年起，现代网球运动的发展史逐渐展开。这一年，早期的网球运动在被称为"近代网球的创始人"的沃尔特·克洛普顿·温菲尔德的努力下不断得到改进，成为一项主要在草坪上开展的体育活动，人们以"草地网球"来称呼这项运动。

1874年，美国玛丽·奥特布里奇女士观看英国军官的网球比赛后被这项运动吸引，于是回到纽约后她开始宣传这项运动，并带回了网球、球拍，推广网球规则。美国最早主要集中在东部一些学校开展网球运动，之后这项运动慢慢向美国中西部传播，进而遍及全美各地。此时的网球比赛已经不局限于草地上举行了，网球比赛场地也可以是沙地、水泥地、柏油地等，于是"草地网球"（lawn tennis）逐渐被"网球"（tennis）一词代替。

当时，网球俱乐部在英国各地纷纷建立。1875年，并建造了世界上首个网球场地。随着网球运动的不断传播与推广，网球比赛的举办渐渐频繁起来，这就迫切要求人们制定统一的比赛规则来促进比赛的规范化。1876年，一些著名网球运动俱乐部的代表共同对全英统一的网球规则的制定展开研讨，多次协商后各方意见终于达成一致，在网球场地设施、比赛打法等方面有了统一的要求和标准。1877年，全英网球运动俱乐部组织了全英草地网球男子单打锦标赛（现在的温布尔登网球赛）。1878年以后，英国各大网球俱乐部按照新规则进行训练、开展比赛。

现代网球运动发展初期，主要是男士参与这项活动，有些俱乐部以这项运动不适合女性为由排斥女性参与，实则是认为女性打网球有伤风化。所以网球运动发展早期，比赛只针对男子设两个项目——男子单打和男子双打。虽然女性参加网球运动是被排斥的，但是依然有一些敢于冲破世俗偏见的勇敢女性参与这项运动，甚至她们的网球技术比男子还要好。参赛双方有男有女的情况也会出现在一些非正规的网球比赛中。随着参与网球运动的女性人数的增加，网球俱乐部才解除了排斥女性参加网球运动的禁令。1879年起，男女混合双打项目逐渐出现在一些网球比赛中。

1878年，英格兰举行了第一次男子双打锦标赛。次年，爱尔兰举行了第一次女子单打和男女混合双打比赛。

总体来说，现代网球运动自19世纪70年代以后获得了良好的发展。其中有一个非常重要的原因是科学技术开始在网球球拍等器材制造过程中得以广泛应用，生产出了更多先进的器材，很好地提高了运动员的技术水平，也造就了一批又一批优秀的年轻网球选手，进一步推动了网球运动向前发展。

1881年，美国全国草地网球协会（1920年改为美国草地网球协会）成立，这是世界上第一个全国性的网球协会。首届美国草地网球男子单打和双打锦标赛就是由这一协会发起举办的，时间是 1881 年 8 月 31 日至 9 月 3 日，地点在罗得岛纽波特港，这次比赛有 26 名参赛者，温布尔登网球赛的比赛规则被运用于这次比赛中。1884 年，女子单打锦标赛和男子双打锦标赛出现在温布尔登网球赛上。1913 年女子双打和男女混合双打项目首次出现在温布尔登网球赛上。

19 世纪 90 年代中期，网球进入初步发展阶段，许多国家和地区组织成立了网球协会，并定期举办比赛。

3. 网球的黄金发展期

1900 年，美国人戴维斯为了增进全世界网球运动员之间的友谊，捐赠了一只纯银大钵，命名为"国际草地网球挑战杯"，即"戴维斯杯"，现在这一大钵已经成为国际网坛上声誉最高的男子团体锦标赛永久性流动杯，每年的冠军队及其队员的名字都刻在杯上。

1904 年，澳大利亚草地网球协会成立。

1913 年 3 月 1 日，世界网球的最高组织——国际网球联合会在法国巴黎正式成立。国际网球联合会的成立，是网球运动发展史上重要的里程碑，为世界范围内网球运动的进一步发展开辟了广阔前景。

20 世纪二三十年代是网球发展的黄金时代，网坛上出现了许多有史以来最优秀的选手。其中一个就是美国的唐·巴基一连包揽了澳大利亚、法国、温布尔登和美国网球公开赛的冠军，成为历史上第一个获得大满贯的选手。第二次世界大战后，澳大利亚和美国的选手在网坛上独领风骚，并把网球技术发展到了更高的水平。双手握拍击球技术被普遍采用，比赛时间越来越长，争夺越来越激烈。

20 世纪 70 年代以后，网球运动在世界也得到了空前的发展。在美国、法国、英国、德国、瑞典、澳大利亚、苏联等一些网球强国中，人们对网球运动的热情与日俱增。据统计，到 1983 年，美国经常打网球的人就有 4000 多万，其中青少年就占了 2000 多万；在意大利有 3000 多个俱乐部，会员有 100 万人；在法国仅注册的会员就有 150 万人；墨西哥和澳大利亚几乎全民打网球。

近年来，网球运动在全世界进一步普及，很多国家都涌现出了世界级球星，打破了美国、澳大利亚等少数国家一统天下的局面。①

在世界体坛所有的运动项目中，网球比赛是较为频繁和活跃的。特别是从1968年规定业余和职业选手都可参加同一比赛之后，网球比赛的次数、名目就更多了。锦标赛、大奖赛、公开赛、挑战赛、巡回赛、总决赛等各种赛事几乎每周都会举行。目前，世界上每年举行的网球大赛，男子比赛达到了100多项，女子比赛也将近100项。

随着网球运动的不断发展，各种协会组织成立，网球向着职业化、商业化的程度发展，竞争也随之加强。作为世界第二大运动项目的网球运动，将以其无比的魅力和不断的发展技术，赢得越来越多的爱好者参与，成为世界人民生活中不可缺少的一部分。

第二节 网球运动的特点与价值

一、网球运动的特点

网球运动诞生之日起，由最初的皇家贵族运动发展成为一项现代老少咸宜的大众体育项目，这与其本身所具有的特点是分不开的。网球运动有以下几个特点：

1. 快速有力的空中击球

无论是在网球比赛还是在网球游戏中，运用的各种击球方式，都必须是用拍子击空中球或地面反弹球，自己发球也是先将球抛起，然后才将球击到对方发球区内。因为是从空中击球，所以球速快而有力，参加网球运动的人在时间和空间感觉上能够得到很大的锻炼和提高。

---

① 尹树来，蒋宏伟. 网球运动理论与实践指导［M］. 北京：中国书籍出版社，2018.

2. 独具一格的发球方法

网球运动规则规定，参加运动的双方在一局中一人连续发球，直到该局结束，此局被称为发球局；在每次的发球中，均有两次发球的机会，即一发失误，还有二发的机会，使得发球威力大增。男女用手发球的时速都可达 200 千米左右。正因为如此，在实力均衡的双方比赛过程中，发球方总能占据一定的优势。

3. 难以控制的比赛时间

网球比赛无论是正式的比赛还是平时的娱乐，当比赛双方实力接近，要想分出胜负，都将费时很长。正式的网球比赛为男子五盘三胜、女子为三盘两胜。一般比赛时间在 3~5 小时，历史上最长的比赛时间达到 6 个多小时，因为比赛时间太长，会有当天中止比赛，在第二天继续进行的情况。而这种主宰比赛的权利掌握在自己的手中，更使得网球运动的魅力无法阻挡。

4. 比赛强度大

一场势均力敌的比赛，由于比赛时间过长，要求双方运动员有充沛的体力。在所有隔网对抗的体育项目中，网球场上的人数密度是最少的，正因为如此，有人进行过统计，一场水平相当紧张激烈的网球比赛，男子的跑动距离接近 6000 米，女子达到 5000 米，挥拍次数达到上千次。如此高的比赛强度在其他竞技比赛中也是难以看到的。所以，参加网球比赛，对运动员的体力、意志力和心理都有着较高的要求。

5. 心理要求高

网球除团体比赛在交换场地时教练可以进行场外指导，其他任何时候的比赛都不允许有教练进行指导，哪怕是手势也不行。整个比赛全靠个人独立作战，必须有良好的心理素质，才能取得比赛的胜利。

6. 运动适宜人群普遍

作为实践上最流行的运动项目之一，网球的优点在于不仅可使运动者消耗多余热量，而且还可使运动者获得极大的乐趣，并且运动者不需要有完美的体形，适宜大部分人群。全世界大约有 4300 万人从事网球运动，其中男女老少、高矮胖瘦的人都有。

二、网球运动的价值

1. 增强人体的体质

网球运动是典型的有氧为主、无氧为辅的运动项目。经常参加网球锻炼能使身体各部分器官、系统的功能以及各种身体素质和身体活动能力得到均衡发展，使体质不断增强。对促进人体骨骼、肌肉、内脏器官、神经系统的正常发育及形成正确的身体姿态有良好效果。经常参加网球运动，能使人心血管系统的结构和机能得到改善，心肌变得发达、有力，心容量加大，每搏输出量增多，心搏徐缓和血压降低。经常锻炼可使血管壁弹性增强，还能使呼吸肌得到锻炼，胸部发达，肺活量增加。[1] 这对中老年人十分有益。

所以，经常运动可以提高人的心血管系统的能力，防止高血压、高血脂等疾病。而且运动量的大小可以自己控制，想要强度大可以打单打，不想太累就打双打。能有效地提高练习者的柔韧、协调、灵敏、力量、有氧耐力等身体素质。网球运动的技术要求高，必须手、脚、脑并用，经常打网球可以增强人的灵活性，提高人的反应速度，使人年轻，有朝气、有精力，防止阿尔茨海默病。提高人体各系统的机能，从而提高预防疾病的能力。它能使血液中的胆固醇溶解纤维蛋白增多，有助于溶解血块，减少和消除动脉硬化所引起的病症，避免病理衰老的发生，使人健康长寿。在网球场上，经常可以看到老年人与充满朝气的青少年进行同场竞技。

长期参加网球运动，人体各运动器官都可以得到发展，不仅能有效地提高灵敏、反应、速度、力量等素质，而且使肌肉发达、结实、健壮，骨骼变得粗壮坚固，关节更加灵活稳固；掌握的动作越多，各种肌肉、关节发展越协调，人体的反应越快，四肢越灵活、越柔韧，人体更健美。

在网球运动中，球在空中飞行的速度是很快的。这要求运动员对来球的方向、速度、落点等全面进行观察，迅速做出判断，并及时采取对策，迅速移动步法，调整击球位置与拍面角度进行挥拍击球。这些复杂的变化要求运动员在

---

[1] 李欢. 网球运动的教学与训练实践研究［M］. 成都：电子科技大学出版社，2020.

打球时思想集中、反应快,神经系统要处于良好的兴奋状态。因此,经常参加网球运动,能有效提高中枢神经系统的反应能力,促进人体各方面的协调性和灵敏性,使人头脑灵活。

2. 锻炼良好的心理素质

在网球比赛中,人们通过进攻防守,控制与反控制,既斗智又斗勇,锤炼个人的意志品质和心理素质,有利于培养拼搏进取的工作作风和胜不骄败不馁的道德风尚,提高克服各种困难的勇气,培养诚实公正的思想作风,树立光明正大的良好品德。

经常参加网球运动的训练和比赛,就会控制自己情绪,学会调节自身心理的手段和方法,如连续失误时,应考虑如何使自己尽快冷静下来,给自己足够的勇气和信心,不到最后一秒钟决不放弃;比分落后时,会思考如何保持沉着、不气馁;比分领先时,就会考虑要戒骄戒躁、一鼓作气拿下比赛;比分处于胶着状态时,要增强进攻的自信心。这些意志品质的锻炼,对于网球参加者而言,都是一笔很好的生活财富。

3. 陶冶良好的情操

练习网球运动需要对手或球友,通过网球运动可以交流球艺,增进友谊,可以培养人们相互信赖、团结协作、密切配合的合作意识。它还是一项新的社交活动,可以促进人与人之间的沟通和理解,不会有年龄的障碍、性别的阻挡和门第的高低。人们在网球场上挥舞着球拍,网球犹如编织的梭在空中飞来飞去,在人们的欢声笑语中编织出一幅友谊的画卷。通过锻炼,能使人精神饱满,充满生机,容光焕发,充分展现人体的神韵。

网球比赛的紧张、竞争的激烈,使练习者的心理素质能得到很好的锻炼,在竞争中,强化进取精神,使人的智、勇、技在竞争与对抗中得到升华。经此磨炼,能够做到临危不乱,泰然处之,既增长了智慧又提高了心理素质,不仅能在网球运动中应付自如,而且能以良好的心态、正确的人生观去面对事业、家庭、荣辱等,能使人在锻炼中自觉陶冶自己美好的情操,提高思想修养和艺术修养,将外在美和内在美很好地融合在一起。

理解和尊重网球场上的一切人和物,是参加网球者最起码的行为准则和道德标准。练球时,"谢谢""抱歉"是使用频率最高的两个词;当球滚到邻场而邻场正在练球时,要等到死球时才能进场捡球;在比赛过程中要看对方是否做好接球的准备才能发球;比赛结束后不管胜负,都要主动和对手及裁判员握手。

4. 培养勤奋好学的优秀品质

网球运动是一项技术性很强的体育项目,对于初学者而言,很难在偌大的网球场内控制住球,许多人在刚接触网球时经常出现碰不到球或者将球打飞的情形。网球的魅力是无穷的,但是想完全掌握这项体育运动又不是一件简单的事,这就要求初学者认真学习网球的基本技术,向教练、球友多多请教,勤学苦练,方能在球场上一展英姿。

5. 丰富的娱乐观赏性

由于网球运动的技术千变万化,使其有很高的观赏性,进攻时似高屋建瓴、势如破竹,防守时又如绵绵细雨、固若金汤,一切都在展示着网球运动的力与美,使观赏者像吟读一首动人的诗、浏览一幅悦目的画,令人心旷神怡,流连忘返。当运动员在竞技或比赛过程中,以自己的能力、才智、战术、风格在创造美和表现美的时候,能使观众领略他们精湛的技艺和顽强的精神,从中受到情感的陶冶。

网球运动不仅能供人娱乐观赏,而且当自己亲身参加活动时还有直接体验娱乐欢快的价值。网球运动作为一种娱乐运动,参与者在球的对击过程中,通过不停地移动和身体姿势的变化,努力把球击到对方的场地。每当击球者在击出一个好球或赢得一个球时都能使自己兴奋并达到一种成功的喜悦。同时球有快慢、轻重、高低、远近、狠巧、飘转等变化,使运动本身充满了丰富的乐趣。

6. 有效的减肥手段

随着社会经济的发展和人们闲暇时间的增多,网球爱好者的队伍不断扩大,其中有相当一部分人进行网球锻炼是为了减肥,使自己的身体更加健康。我们常说,网球是用脚打球。这就意味着,在网球场上需要或快或慢地不断跑动,因此,网球运动是以有氧代谢供能为主的耐力性练习项目,其消耗的能源物质以脂肪为主。这一点与慢跑非常相似。

据统计，一般业余水平的网球爱好者在进行两个小时之后都不会感到太累。根据日本的相关统计，普通女性的脂肪量在25%~30%，而女性网球运动员的脂肪量在15%。

第三节 我国网球运动的历程与现状

一、我国网球运动的发展历史

网球运动在我国的发展经历了以下五个阶段：

（一）网球初步传入我国

网球运动起源于法国，所以对我国来说，网球运动是外来文化。关于网球运动具体是哪一年传入我国的这个问题，不同学者提出了不同的看法。例如，陶志翔认为网球运动大约在1885年进入中国，纪斯超认为美国、法国、英国等西方国家的传教士、商人和士兵在19世纪后期将网球这项娱乐活动传入我国。据相关文献记载，1848年我国就出现古式网球了，当时主要是居住在上海的外国人参加这项运动。

网球运动传入我国初期，主要参与者是来华经商的外国人，他们参与这项活动主要是为了健身和娱乐。随后经济富裕的人和教会学校的师生也开始参与这项运动，各种网球协会和俱乐部也慢慢开始成立。斯坦豪斯杯赛作为我国网球发展史上最早的校内网球比赛就是在上海圣约翰书院举行的，时间是1898年。1906年起，北京、上海、广州、南京等地的学校相继举行校内、校际网球比赛，如北京清华学校、汇文学校，上海沪江大学、南洋公学、圣约翰大学等，校内、校际网球比赛的发展使得网球运动在我国的传播范围不断扩大，同时也积累了一定的群众基础。[①]

(二) 我国网球运动的缓慢发展时期

自辛亥革命至中华人民共和国成立之前,我国网球运动的发展受阻,但还是取得了一些成绩,表现如下:

1915~1934年,我国派代表多次参加远东运动会的网球比赛。其中在第8届远东运动会上,以林宝华、邱飞海为代表的中国队获得网球比赛冠军。

1924年,我国首次参加了温布尔登网球锦标赛。1928年,我国开始从赴美留学生中选派球员参加戴维斯杯比赛。由于那时我国的网球运动远远达不到普及的程度,技战术水平较低,因此虽先后6次派队参加戴维斯杯赛,却多在第一、第二轮就被淘汰。其中被誉为网球新星的归国华侨许承基曾获得旧中国第六届全运会网球男单冠军,还多次作为中国选手赴美参加戴维斯杯赛。他获得过1937~1939年的英国伯明翰杯赛冠军,在1938年的温布尔登网球锦标赛上被列为第八号种子选手。

(三) 我国网球运动的恢复发展时期

1949年,中华人民共和国成立后,我国网球运动进入恢复发展期,但因为起点较低,基础薄弱,再加上与国外在网球方面的交流少,所以发展速度比较慢。

1953年,天津第一次举办包括篮球、排球、网球、羽毛球在内的4个球类项目的运动会。

1956年,中国网球协会正式成立,孙耀华当选为第一任主席。

1958年6月23日,我国派四名选手参加温布尔登网球锦标赛,分别是梅福基、朱振华、宋连根、吴生康,梅福基单打第一轮和梅福基、朱振华双打第一轮均获胜。1959年,我国派三名选手参加温布尔登网球锦标赛,梅福基第一轮再次取胜,我国能在网球运动发展早期取得这样的成绩已经很不错了。这些被选派参加温布尔登网球锦标赛的网球选手,是比较优秀的几位选手,他们在世界大赛中取得的成绩鼓舞了其他选手。

---

① 陈祥慧,胡锐,张保华. 网球运动理论与实践 [M]. 广州:中山大学出版社,2021.

1959年，来自我国20个省市共71名选手参加了第1届全运会中的网球比赛。第1届全运会结束后，我国地方网球队纷纷建立起来，如北京、广东、福建、四川、云南、湖北、河南等地，中国网球运动发展的第一个高潮由此出现，各省市网球运动队的建立对我国网球运动的恢复起到了重要的推动作用。

1964年，上海召开了一场意义重大的网球盛会——中国首次网球训练工作会议，中国网球的水平在此次会议后得到了相当程度的改善，如网球运动员采用发球上网战术的积极性提升，主动进攻意识得到很大的强化。

（四）我国网球运动的快速发展时期

1978年以后，各项社会事业迎来了春天，迎来了新的希望，网球运动在改革春风的洗礼下，再次步入向前发展的轨道。

1980年，国际网球联合会正式接纳中国网球协会为正式会员，世界网坛上中国网球选手的活跃程度有了一些提升。我国在网球发展战略上选择了"请进来、走出去"的道路，重视网球外交，虚心借鉴，主动学习，网球成绩得到了一定的提升。

1986年，我国女子网球选手李心意在第10届汉城亚运会女子网球单打项目中摘冠，这也是我国在亚运会网球项目比赛中取得的首枚金牌。1990年，第11届北京亚运会的网球项目比赛中，男子单打、男子双打及男子团体三个项目的金牌均由中国代表队获得，而在这之前我国从未在亚运会的男子网球项目中获得过金牌。

1991年，我国派代表参加联合会杯网球团体赛，这次比赛的参赛队共有56支，中国队最后进入16强。

1994年，我国男子网球选手潘兵在广岛亚运会男子网球单打项目上摘得桂冠。

1998年，我国女子网球选手李芳、陈莉在曼谷亚运会上获得网球女双项目的金牌。

这一时期，我国网球运动之所以能够快速发展，主要原因有以下两点：

第一，改革开放以来，参与网球运动的人数不断增加，使我国网球运动的发展水平整体得到提升。

第二，中国体育的举国体制的运行，促进了我国网球运动的发展。在计划经济和实施"为国争光"计划的背景下，政府拨款组建国家网球运动队，国家大力培养网球人才，出资派代表出国学习与训练，使我国选手有更多的机会参加世界性的比赛。

在我国网球运动的快速发展期，我国网球选手在亚运会上表现出一定的实力水平，这是非常值得肯定的。但相较于欧美网球强国，还是有明显的差距，尤其是我国男子网球运动员与世界优秀男子网球运动员的实力差距较大。网球选手参加国际高水平的网球赛事，是由国际网球联合会根据选手的 ATP 排名决定参赛选手的，我国男子网球选手排名在后面或者没有排位，因此参加高水平国际网球比赛的机会很少，我国男子网球运动员的水平不及职业比赛选手。和我国男子网球的发展相比，我国女子网球发展速度较快，女子网球选手在各大赛事上取得的突破更大。

（五）我国网球运动的突破发展时期

随着我国改革开放政策的不断完善、改革工作的有序开展以及我国经济水平的日渐提高，我国网球运动稳步向前发展，并取得了突破性的成绩。在曼谷亚运会之后，我国网球协会制定了《2001—2010 年网球项目奥运争光计划》，在该计划的实施中，重点是女子网球项目，并且以女子网球双打项目作为关键突破口，该计划也是这一时期我国网球运动发展的重要指导思想。[①]

这一时期，我国逐步认识到打开国门、举办高水平赛事的重要性，这是中国网球走向世界、达到世界水平的重要途径。有了这一认识后，有关组织机构努力开展工作。2002 年，我国首次举办最高级别的职业赛事——上海大师杯赛，这一赛事的成功举行正是我国相关方面共同努力的结果。两年后，中国网球公开赛在北京成功举办。

2004 年，我国女子网球选手孙甜甜、李婷在雅典奥运会女子网球双打项目中获得冠军，奥运会领奖台上第一次出现我国网球运动员的身影，这次的成

---

① 尹树来，蒋宏伟. 网球运动理论与实践指导［M］. 北京：中国书籍出版社，2018.

绩使我国网球运动的发展开启了新的一页。奥运会上取得的好成绩充分说明了奥运争光计划的科学性与前瞻性。

2009年10月，我国网球开始了职业化发展历程，主要标志是WTA皇冠赛、ATP100赛这两个一级职业赛事同时落户于中国。

随着现代网球职业化发展历程的加快及职业化水平的提升，我国为顺应这一趋势，积极学习国外网球发展的成功经验，将优胜劣汰的法则引进我国网球运动体系中。随着社会的不断发展，经济体制出现了新的变革，市场经济体制对计划经济体制带来了极大的冲击，在这一经济背景下，运动员在日常训练中表现的积极性不高，参加比赛也是如此，再加上资金的缺乏，我国网球运动的发展很难与国际网球运动的发展趋势相适应，发展水平也落后于国际网球发展水平。这一时期，国际网球职业化发展达到一定的水平，在成熟的市场经济环境下，网球俱乐部运营模式越来越完善，竞争机制完全采用优胜劣汰原则，优秀选手会吸引赞助商投资，参赛经费有保障，而且能获得高额的奖金，资质一般的运动员必须不断努力提升自己，成为优秀运动员才能有出头之日。

2008年，我国成功举办北京奥运会后，网球运动的发展进一步取得了突破，获得了以下优异的成绩：

2010年，李娜、郑洁在澳大利亚网球公开赛中同时杀入四强。2011年，李娜在法国网球公开赛女子单打比赛中获得冠军。

2012年，吴迪凭借着澳网外卡赛的夺冠成功锁定了2013赛季澳网男单正赛的席位，虽然在首轮出局，但也可说明我国男子网球水平较之前有了进步。

2014年，李娜在澳大利亚网球公开赛女子单打比赛中获得冠军，并且在当时的职业排名中上升到了世界第二，这也是亚洲历史上女子网球单打的最好成绩。

以上这些成绩的获得，都很好地说明了我国网球运动的竞技水平获得了比较大的提升，令国人感到振奋和鼓舞。但就世界网球运动水平的角度来分析，我国网球男女运动员竞技水平存在明显的差别，我国的网球事业任重而道远。

二、我国竞技网球运动发展现状

随着"中国金花们"在世界网坛上获得了非常不错的成绩,在国内掀起一阵阵网球明星热潮,也大大提升了公众的关注度,吸引了越来越多的人开始参与网球运动。每年在中国举办的国际网球赛事越来越多,网球比赛的现场观看人数以及收视率都获得了提升。如 2002 年上海大师杯赛、2004 年中国网球公开赛落户北京,以及在各大城市举办的国际女子网球协会分站积分赛等。

中国网球协会也一直坚持不懈地在一些经济较落后以及网球运动不发达城市开展推广工作,定期指派训练水平较高的网球教练员到各地教学,传达先进技术的理念,使许多省、市级二三线运动队训练方法得到更新,为网球运动员的选材工作奠定了基础。但同时,我国竞技网球运动的发展还存在一些明显的问题,下面分析几个主要的问题:

(一) 市场化程度低

在政府部门的全面扶持及体育专业人士的不懈努力下,我国竞技体育稳步发展,取得了良好的成绩。任何事情都有两面性,尽管举国体制下政府能够从财力、物力、人力等方面扶持与保障竞技体育的发展,但是国家行为性质的体育运动在发展中还存在一些显而易见的弊端,如对金牌与排名的过分追求、没有以长远的眼光合理规划运动员的职业生涯、推广运动项目不到位,等等。在过分追求金牌的训练理念下,教练员与运动员的日常训练出现偏差,一些运动员过分依赖政府,产生了惰性,很难取得持久的发展。竞技网球运动作为竞技体育项目之一同样存在这些问题,竞技网球市场化程度低,网球发展受到制约,网球选手缺乏竞争力和创造力,"我要练"的意识不强,因此难以有突破性的转变。

(二) 男女网球项目发展不平衡

男女网球项目发展不平衡是我国竞技网球运动发展中存在的一个主要问题,这个问题从整体上制约了我国竞技网球的全面发展。男女网球运动项目发展不平衡的主要表现是女子项目发展良好,男子项目发展水平较低。我国女子网球运动涌现出很多优秀的运动员，她们在国际高级别网球比赛上的活跃度很高，取得了令人瞩目的成绩，代表人物有李娜、郑洁、晏紫、彭帅等，她们代表了我国竞技网球运动发展的最高水平。相比之下，我国男子网球运动发展缓慢，总体水平不及女子网球运动，虽然也有像于欣源、柏衍、朱永强这样的优秀选手，但他们还达不到世界级水平，鲜少在世界高水平网球赛事中取得令全世界网球爱好者瞩目的成绩。而且男子网球后备人才培养不足，影响了男子网球的未来发展。男女水平发展不平衡是当前我国网球迫切需要解决的一个问题，或者说当前我们要重点解决男子网球的发展问题，以免这个问题长期存在并越来越严重而导致我国竞技网球事业一直无法取得重大突破。[1]

（三）运动训练观念落后

前国际网联主席、高水平教练员贝蒂指出，一个国家要想发展网球运动竞技水平，需要抓好以下三个关键点：

第一，要进行高水平的教学。

第二，要进行艰苦的训练。

第三，要多参加一些国内外的网球比赛。

在获得良好运动成绩方面，科学的运动训练能够为其提供重要的保证。就目前来看，训练和比赛脱节是我们存在的主要问题，训练并没有从实战的角度进行，场上的变化少，战术组合粗略，这些都是没有充分把握网球竞技制胜规律的表现。

（四）教练员执教水平不高

要想提高网球运动水平，高水平、高素质的教练员队伍是十分重要的一个环节。在谈到中国网球目前所面临的最大问题时，贝蒂就直截了当地指出：中国教练员的水平不高。作为一名优秀的网球教练员，要第一时间掌握世界网坛最新的动态和技术。伴随着网球技术的不断革新，教练员的训练手段和观念也要有相应的变化。

（五）网球人才的选拔制度不完善

我国竞技网球后备人才的选拔与培养机制不完善，而且对后备人才的管理

---

[1] 杜宾．高校网球运动教学理论分析与方法创新研究［M］．长春：吉林大学出版社，2020．

也比较松散，导致我国竞技网球后备人才数量少、水平低，和西方网球强国的青少年网球人才相比还有明显的差距。我国网球后备人才缺乏也与网球运动在我国不够普及、我国网球人口少有关。我国在网球后备人才培养中，一味强调技术训练和战术训练，却忽视了对后备人才思想的启迪及综合素质的培养，因而影响了人才质量。在网球人才的管理中也是问题重重，管理不严格、不到位，导致成材率低，同时也造成了人才培养资源的浪费。

（六）网球技战术和竞赛制度有待革新

在现代网球运动的发展历史中，网球技术、战术及竞赛制度经历了长期的变革，而且也在不断创新和革新，促进了网球技战术水平的提升，以及网球竞赛制度的完善。我国网球教练员与运动员为我国网球技战术的改革与创新做出了突出的贡献，网球技战术和竞赛制度也因此取得了良好的发展。但技战术单一、竞赛制度不够开放也不够成熟等问题依然存在，这也是我国网球技战术、竞赛体制和世界先进水平存在差距的主要原因。为了尽快与国际接轨，我国必须集中解决这些问题，努力推动竞技网球技战术水平的持续提高和竞技网球比赛制度的完善与成熟。

三、我国群众网球运动发展现状

（一）群众基础较弱

据相关资料显示，我国观看网球的人数已超过百万。但除了上海大师赛、中国网球公开赛等水平较高的国际赛事有着较多的观众之外，其他一些全国巡回赛、卫星赛，观众却非常少，甚至一些比赛的运动员比观众要多。这些情况表明全民没有形成足够的网球意识，这也同网球运动消费较高有着很大的关系：场地少，并且场租非常贵。没有扎实的群众基础，网球事业就难以持续发展。

（二）网球场馆数量少

我国群众网球运动的发展因网球场馆数量少而受到了限制，虽然当前我国网球场馆的数量较之前有了增加，但是随着网球人口规模的不断扩大，网球场馆依然严重不足，难以使大众参与网球运动的需求得到满足，而且我国人口多，人均网球场地就更少了。像北上广这样的大城市网球场馆的数量虽然比其他省市要多，但是这些大城市的网球人口也多，所以还是显得不够，其他地方的网球场馆就更少了。我国的网球场馆总数和法国、德国等网球运动较为普及的国家相比还有明显的差距。

(三) 群众网球场馆的运营存在问题

我国常见的几种网球场地的类型，包括小区或公共场所设置的网球场地、学校网球馆、私人经营的网球俱乐部等。不管是哪种类型的网球场地，都需要政府的扶持才能获得持久的发展。政府的资金扶持、公益宣传等能够大大推动网球场馆建设，节约场馆的建造、维护及管理成本，并能使经营性质的场馆获得良好的经济效益。但目前我国群众网球场馆的运营存在一些问题，如场馆对外开放程度弱，租赁场地的费用又比较高，所以人们参加网球运动并不像参加篮球、羽毛球、乒乓球等那样便捷，这也就严重制约了网球运动的发展。

四、我国青少年网球运动发展现状

相比欧美国家来说，我国青少年网球运动启蒙较晚。我国培养网球运动人才主要有三种形式，分别是各省市运动队培养、俱乐部培养、家庭自费培养。在培养网球运动人才的过程中，坚实的经济基础是重要保障。一般来说，一名网球运动员一年至少需要训练和比赛经费4万~6万元，倘若要将这些人才输送到海外学习，每年就需要至少花费几十万元。不管是采用哪一种培养模式，在培养网球运动员的过程中，经费缺口一直都是一大阻碍因素。

另外，我国的青少年网球运动员的文化程度普遍不高，很多青少年网球运动员都是从各个省市的体工队、体校选拔而来，由于他们从小就进入体校，教练员重视出成绩而忽视了文化学习，使得很多运动员对于文化知识掌握得不够好，这对他们理解和掌握网球训练和比赛技战术理论产生了很大的影响。

此外，有研究表明，大部分的网球运动队的教练员都是退役网球运动员，他们虽然有丰富的实践经验，但缺少科学的运动理论知识体系，为了获得良好的成绩，过早使用成人化的训练方法来培养青少年，短期内虽然能够获得效果，但过早开展专业化训练，会对青少年的心理素质、身体素质的自然发展规律产生影响，这就是我国网球运动员在青少年时期具备了一定的运动水平，但到了成年之后，比赛能力却停滞不前，甚至由于训练过度，出现严重的运动损伤而过早退役的原因。

我国网球教练员的业务能力和职业精神都需要得到进一步提升，虽然我国青少年网球运动的培养路径正在向着多元化的方向积极开展，但是在建设青少年网球运动梯队方面还任重道远。

第四节 现代网球的发展趋势

一、网球的国际化

（一）网球赛事的国际化

近代网球发展迅速，网球逐渐趋向于国际化。大多数体育项目的最高水平的赛事是世界级别赛事，一年中比赛次数并不多。如世界杯足球赛是四年一次，其他竞技项目也是每年 1~2 次。而各国国内区域比赛频繁，其中很多都是世界知名的比赛。足球有德甲、法甲、意甲、英超等赛事；篮球有美国男子职业篮球联赛；乒乓球有中国乒乓球俱乐部超级联赛等。

网球运动与别的运动不同，每年仅全球范围内的世界级赛事（四大公开赛和两个年终总决赛）就有 6 个。每年还有上百个著名的其他赛事。如世界男子职业网球协会（以下简称 ATP）负责的重要国际性比赛全年有 70 个左右，除参与主办的四大公开赛外，还有大师系列赛、世界系列赛、挑战赛、卫星赛等赛事。国际女子网球协会（以下简称 WTA）负责的主要国际性比赛有 60 个左右，除参与四大公开赛外，还主要包括 WTA 年终总决赛和四个等级的女子系列赛。①

国际网球联合会（以下简称 ITF）负责的主要赛事有 100 多个，除四大公开赛、戴维斯杯、联合会杯，还包括男子希望赛、女子挑战赛、卫星赛、巡回系列赛等。三大网球组织全年主要的国际网球赛事就达数百个。除此之外，还有各种元老赛、世界青年杯赛、世界少年杯赛等。

这些赛事分布在五大洲的各个角落，可以说日日有赛事、周周有大赛、月月有精彩，在地域和时间空间上覆盖着全球和全年。网球运动已成为全球化的比赛项目。在所有国际体育比赛项目中，只有网球比赛是频繁的，安排得也很紧凑。

另外，由于亚洲，特别是中国经济的腾飞，国际网球组织十分看好这里的市场和发展前景，加之中国政府的积极努力，近几年在中国举办的网球赛事犹如呼啸的海潮，一浪高过一浪。以前中国举办的仅仅只是几万美元、十几万美元的赛事，然而，仅仅过了几年，ATP、WTA 的大赛便接踵而来。

2002 年，首先是上海成功举办了大师杯，接着一鼓作气拿到了 2005~2008 年的大师杯举办权。之后，大师杯赛更名为 ATP 世界巡回赛总决赛并回归欧洲，但是从 2009 年起，上海却拿到更为实惠的大师系列赛。北京从 2004 年开始举办中国网球公开赛，每年都会跃升一个新的台阶，赢得国内外的好评。

ATP、WTA 两大国际网球组织同时将两个超一级赛事放在中国，这在中国运动史上尚属首次，在世界网球史上也不多见。中国的群众网球并不普及，职业网球水平也不高，但是有理由相信，通过举办这些顶级赛事，会极大地推动中国网球的发展。近些年中国网球赛事飞速发展，这是世界网球飞速发展的缩影，未来世界网球发展也会势不可当。

（二）网球人口的国际化

网球运动在世界已经广泛地推广和普及。原来网球只在经济发达的国家普及，现在不发达国家也已经开始推广和普及，网球人口迅速增多。国际网联的

---

① 尹树来，蒋宏伟．网球运动理论与实践指导［M］．北京：中国书籍出版社，2018．

会员及会员国已从 1980 年的 69 个发展到现在 190 多个。在普及的基础上，许多国家都培养出了优秀的网球选手，打破了只有少数国家独霸网坛的局面。20 世纪 70 年代，德国、瑞典、意大利、西班牙、苏联、捷克斯洛伐克、南斯拉夫等国屡现顶尖高手。20 世纪 90 年代至今，中国、日本、印度、泰国、巴西、阿根廷、克罗地亚、瑞士、比利时、摩洛哥、南非，也出现了一流网球球员。国际网坛形成群雄争霸的多极化局势，排位百位之内的球手击败顶尖高手已不稀奇。

从网球运动的发展速度和规模考量，网球运动已经成为人类社会新经济秩序基因库中的重要成员。网球运动中体现的文化元素和愉悦大众的精神，正日益吸引着一批又一批的忠实参与者。网球已成为仅次于足球的第二大运动项目。

网球运动已被以国家为单位计量的广泛地区所包容和接纳，参与人口和民族极为广泛。当网球场修到了喜马拉雅山脉的不丹、尼泊尔时，当非洲索马里和尼日尔、卢旺达的少男少女也会握着网球拍进行挥拍时，可以认为网球运动已经或者趋于全球化了。这就表明了在未来的网球发展中，普及人口将会越来越多。

（三）网球观众的国际化

1925 年，一项伟大的发明——电视机诞生了。在这之前观看一场网球比赛的观众最多不过二三万人，但是电视的诞生使得体育项目的观众发生几何数级的增长。1936 年冬天，英国广播公司在伦敦郊外的亚历山大宫，播出了一场颇具规模的歌舞节目，开创了电视转播的历史，而电视也从此彻底改变了人类的生活与认知习惯。

1968 年，国际网联与温网组织者达成协议，职业网球选手获准参赛，温布尔登正式变身为"公开赛"。而英国广播公司（以下简称 BBC）也抓住机会，对比赛进行了电视转播。从那时起，即便无法亲身体会到温布尔登的古老与优雅，也能够通过电视荧屏分享中央球场的经典激烈对抗。对于 BBC 这样的电视媒体来说，观众的收视率给予他们巨大的广告利润；对于赛事组织者来说，BBC 给付的转播费用也让他们看到了新的盈利点；对于观众来说，能够在家里喝着咖啡看麦肯罗和对手在网前的缠斗，绝对是一种超级享受。

1973年9月，在休斯敦，当时世界女子头号选手金与里格斯的比赛盛况空前，现场观众有3万多人，观看直播电视的观众约有5000万人，被称为"世界网球大赛"，成为网球观众全球化的一个先声。1978年法国电视台首次不间断直播法国网球公开赛。20世纪80年代后期发射了广播卫星，三个与地球同步的广播卫星可以覆盖整个地球，直播电视布满全球。

以每年举办的四大公开赛为例，温网、澳网每次比赛的现场观众可接近50万人，法网最少，也在36万人，而美网2006年是64万人。全年四大公开赛现场观众至少在200万，而四年一次的世界最大赛事——足球世界杯在2002年现场观众也不过275.5万人。美网现场观众历史最高是2005年，达到65.95万人。

根据美国网协提供的数据，2005年仅美国观看美网的电视观众达到了8700万人，收看美网系列赛的4100万人。以全年、全球收视率而论，每项公开赛收视观众达上亿人次，四大公开赛及顶级赛事的全球观众可达十几亿人次。这在其他运动项目中是不多见的。由于收视率高，不仅扩大了网球的影响，普及了网球运动，而且各大电视台愿意高价购买转播权换回高利润的广告收入。网球赛事以系列化方式向全球扩大，促进了全球的文化融汇和沟通。在保留世界相互认可文化的同时，让不同肤色、不同民族、不同文化、不同社会环境和不同国家体制的人们，在同一时间、同一地点，围绕同一话题，做出对共同荣誉的不懈追求，这正是网球运动全球化的意义所在。伴随着世界各国文化、经济的融合，网球运动的忠实观众也会随着这个大趋势慢慢融合。

二、网球的市场化

（一）网球娱乐消费市场

关于观赏比赛的消费，1887年温布尔登网球决赛的门票为0.05英镑，而2000年门票为40~50英镑，黑市炒到2000英镑。比赛也带动了其他市场的消费，如一次大赛消费27吨草莓、13.5万份冰激凌、1.25万瓶香槟酒，比赛使用 1.5 万个网球等。纪念品的销售额也很大，2001 年美网期间销售 12.5 万件 T 恤衫。每年的四大公开赛直接观看和参与消费的人平均可达 50 万人次，除去门票等费用，如果平均每人按 100 美元消费，一个公开赛即有 5000 万美元的收入。

据有关人士调查，在中国，如果网球爱好者每周打一次网球，那么一年在网球拍、包、球、场地及相关方面的消费也至少需要 1000 元人民币。目前，美洲网球爱好者有 3000 万以上，欧洲有 5000 万以上，亚洲和大洋洲 2000 万以上，粗略计算，全世界网球爱好者至少有 1 亿。在全球范围，最保守估计按每人每年 100 美元计算，1 亿人的网球消费就是 100 亿美元。有资料显示，2005 年世界体育用品消费总额 1500 亿美元，网球消费竟然占到整个体育用品消费的 1/15，可见网球有着巨大的产业和消费市场。很明显，随着生活水平的上升，这个消费趋势在未来几年或者几十年中将会越来越高涨。

（二）网球产品的消费市场

网球产品主要包括网球运动的服装、器材等，这些消费是整个网球产业中主要部分。根据网球产业协会统计，每年网球拍、球、辅件等的批发额为 2.4 亿美元，网球专用服装销售额为 19 亿美元。据美国网球协会统计，2005 年在全美销售的成人网球拍达到 294.2 万支，儿童球拍达到 108.1 万支，销售总额为 8800 万美元，销售用球 1.13 亿个。

这些年来，网球运动、鞋和球拍等产品企业以一些著名选手为代言人，在为网球做出巨大投资的同时，又利用"名人效应"大力宣传企业的产品，提升企业知名度，促进产品销售。这种投资愈大，回报愈大。如锐步、阿迪达斯、耐克等服装和球鞋品牌，海德、威尔胜等球拍品牌在世界运动服装、球鞋、球具的市场中都是佼佼者。

（三）网球比赛的场馆和赛事赞助市场

美国各职业俱乐部经营有方，收入丰厚。有调查显示，NBA 的纽约尼克斯队在纽约麦迪逊广场花园的主场有 89 个包厢，每个包厢以 25 万~30 万美元的价格出售，仅这一项，每个赛季就可获利 1240 万美元，约占其总收入的 50%。

英国的温布尔登网球中心的经营也是非常成功的例子，他们靠数百名会员会费和每五年一次出售的债券来筹集场地和设备的维护和保养的资金，获得巨大的利润。

中国网球的产业发展刚刚起步，但在场馆的建设和经营方面已有较大成效。以北京为例，现北京新建的网球馆达40余个，其中多数以会员制的宾馆、饭店经营，经营情况良好，到节假日，虽然价位很高，一般在200~350元/小时，但却经常定不上场地。

赛事是网球最大程度的经营，四大公开赛的经营额都在数亿美元。九个大师系列赛每个赛事都在3500万美元，大师杯也是1300万美元以上。虽然有如此大的经营额，但是这些赛事均处于良性的盈利状态。商业运作最成功的一届是2002年的澳网，总收入高达1.89亿美元。全年创造了3000多个工作机会，观众增加了30多万人次，其盈利是必然的。

每场比赛的冠名赞助商的盈利是非常可观的。澳大利亚公开赛的主要赞助商是韩国起亚（KIA）公司，温布尔登公开赛的主要赞助商是劳力士，法国网球公开赛的主要赞助商是王子（Prince）公司，美国网球公开赛的主要赞助商包括IBM公司和蔡斯公司等。尽管赞助商从来都不会披露赞助数目，但是收益肯定大于支出。

（四）网球经纪业的市场

体育经纪业尽管从产值上看在体育产业所占的比重不大，但是它对于一个国家整个体育产业发展有着至关重要的作用。体育经纪业是职业体育产业发展和壮大的直接原因，而体育经纪公司和体育经纪人卓越的专业化服务，尤其是拓展市场的能力，在带动体育无形资产的开发、体育书刊及音像制品的生产和经营，以及体育广告业和体育用品业的发展等方面起着很大的作用。

1925年，戏剧推销商帕莱与芝加哥熊队的老板乔治·哈拉斯签订了一份代理合同，成为美国第一个体育经纪人。但是，实际上直到20世纪70年代美国体育经纪业才得以真正发展壮大。在20世纪70年代以前，美国职业运动员中只有极少数人有经纪人，而现在发展到每4名职业运动员中就有1名运动员有经纪人。

网球推广人查尔斯·C.派尔是网球的第一个经纪人。这位美国商人在1926年8月与当年的法网女单冠军、著名的法国选手苏珊·朗格伦签下了一份10万美元的合同。随着职业网球的发展，现在的网球经纪业慢慢走向成熟，越来越多的选手获得经纪公司或经纪人的赞助合同。

三、网球的技术完善化

自公开赛以来，网球的技术得到了迅速发展。对于传统上的单纯防守的底线型打法，随着力量和速度的变化，这种被动的战术已被更加积极主动的进攻型打法所代替。面对力量更大、速度更快、角度更难以控制、旋转更多的底线回球，单纯防守型底线打法只能处于被动挨打地位。在当今激烈的高水平对抗中，即使比当年张德培更有耐力的"跑不死"也无济于事。休伊特逐渐的衰落就是最好的例证。那么，现代网球技术发展的新的潮流和趋向是什么呢？

2005年，国际网联教练员培训班导师弗兰克曾指出：目前国际上主要战术打法以底线进攻型、全面进攻型和发球上网型为主。

通过比赛，我们可以看到，很多优秀网球选手都具备全面进攻型技术，能够充分运用各种进攻型的战术，尤其以大力发球抢攻和底线迎上进攻战术为主，如费德勒、休伊特、罗迪克、威廉姆斯姐妹等，还有桑普拉斯、鲁塞德斯基、米尔尼等优秀男选手，在自己的发球局中依靠强有力的发球以发球上网战术为主，同时又都具备底线的快速进攻能力。对方变换节奏的挑高球，即使落点很深，优秀选手往往也会很容易地抢高点进攻得分，或迎上凌空抽击得分。优秀网球选手都有全面型的技战术和十分突出的网前技术。很多人都称赞费德勒的技术无懈可击，阿根廷纳尔班迪安也几乎没有弱点，在当今打法普遍极端的男子网坛，两人都称得上是难得的全面型选手，都不过分依赖发球或者底线强力上旋，步法和技战术运用都相当精湛。

网球运动的主要技术动作是在动员全身力量参与下全力挥拍完成的。高水平对抗中不论男女，每一板击出的球都要求力量大、速度快（网前反弹球、放小球、挑防守性的高球等除外）、旋转快。如果谁在整体打法中慢，那么谁就会被动；谁加快谁就会主动。选手们在关键时候要敢抢攻。优秀的选手都是在力量、速度、旋转的极高水平上来保证成功率的。例如，优秀的网球男选手第一发球时速为 120~130 英里，优秀的女选手威力发挥时速最高也达到 120 英里，并且在这个速度上都达到了 60%以上的成功率。所以，网球技术的形成一定是建立在力量、速度、旋转的对抗中，并要适应全力、快速击球的要求。

随着进攻型、底线型打法逐渐占据网坛的主导地位，步法和体能在比赛中起着越来越重要的作用，它是获取胜利的重要保障。

快速灵活的步法可使运动员及时、准确地找到最佳击球点，提高回球的质量，还能救起许多令对手认为是制胜球的来球，从而在技术上和心理上不断给对手增加压力。这对运动员的步法移动和体能提出了更高的要求，那就是一定要跟上网坛发展的需要。

2002 年大师杯的冠军得主——休伊特，他的身高和体重与其他运动员相比均处于劣势，但是他的充沛体力和快速灵活的步法是他夺冠的主要原因。在与费雷罗的决赛盘中，他利用快速灵活的步法，通过两次大范围的跑动击球，拿下了 2 分，阻碍了费雷罗的进攻，成为自己由劣势向优势转换的转折点。

身体素质对球员的打法类型和技战术起到决定性作用，西班牙职业网球运动员纳达尔以其较强的忍耐力、爆发力和灵活的步法，成功挑战了一代球王，并且创造了新纪录。

随着当代网球运动的高度发展，运动员职业化进程不断加快，各国教练员运用了科学的手段来最大限度挖掘运动员各方面的潜能。世界高水平运动员在身体、技战术等方面都相差不多。运动员水平越接近，在比赛中出现的关键比分机会越多，比赛的胜负往往在一两球之间。这时心理稳定、捕捉机会能力强的选手就会赢得这场比赛。

高水平选手之间的较量是心理素质、意志品质的较量，稳定的心理素质和顽强的意志品质是获胜的关键。未来网球技术会从这个基础上更进一步。

四、网球的科技化

20 世纪 60 年代，随着影视业的发展，网球比赛实现了电视转播，极大地推动了网球的发展。不久,为适应电视转播的需求,通过改变网球颜色,完善和改变规则来吸引电视机前的观众。这一次,科技让网球真正成为娱乐大众的运动。

进入21世纪之后,应用在网球的科学技术就数判断网球落点的电子鹰眼技术了。由于球拍科技让球员们的击球速度越来越快,肉眼已经无法准确捕捉它的落点;当电视转播让比赛的压力越来越大,球员们也无法承受裁判任何一个误判,这时鹰眼技术就不可避免地被提上了议事日程。

"鹰眼"(hawkeye)的正式名称是"即时回放系统"。该系统是一种高速计算机成像系统,通过安装在赛场各个角落的十几台高速摄影机,结合计算机成像软件,迅速得出网球飞行路线和落点图像,通过大屏幕回放,以判断球的落点。鹰眼技术是英国的保罗·霍金斯和David Sherry在2001年研究发明的。鹰眼的使用仅限于裁判,裁断球的落点。[①]

鹰眼的首次应用是在2013—2014赛季英国足球超级联赛中。后来,在NBA以及全美橄榄球联赛等美国的职业赛事中都引入了"即时回放"技术。国际网联也希望能用上高科技,但认为在应用所有的赛事之前,应该先在一些小型比赛中试用、在实践中检测。国际网联对鹰眼的尝试一直比较积极,并在阿瑟·阿什球场进行了多次试验、检测。澳网电视转播首次应用了这项技术,那也是第一个采用鹰眼技术的大满贯赛事,后来在四大满贯的电视转播都用上了鹰眼,还包括著名的伦敦草地赛、霍普曼杯和戴维斯杯的比赛,可这只是在电视媒体转播的过程中广泛应用,而鹰眼在比赛现场的使用却至此未能实现。

在2004年的美网中,小威在与卡普里亚蒂对阵的1/4决赛中打出一记反手斜线压线球,然而主裁判判其出界。虽然小威有可能完成美网三连贯,但是比赛的结果已经锁定,那一分错判无从改正。正是这一分,引起了人们的广泛争论,关于比赛慢镜头重放是否应该用于裁判判罚上。正是这场比赛从真正意义上促使了网球比赛引进鹰眼的决心。

---

① 杜宾. 高校网球运动教学理论分析与方法创新研究[M]. 长春:吉林大学出版社, 2020.

美国提出在2005年美国网球公开赛试行鹰眼的提议，但由于很多原因，当年未能实现。百年澳网，休伊特不止一次地蹲在地上期待改判的举动也提升了人们对鹰眼的期望值。而且许多赛场上经常出现球员与裁判"过度交涉"的情景，每场比赛都会有不同程度的"质疑"，这让人们考虑必须去借助更有说服力的科技手段。2005年美国迈阿密大师赛成为第一个采用此技术的赛事。2006年美网系列赛及美网，2007年澳网全面采用鹰眼挑战。

2007年的温网中，保守的温网组委会终于在继美网、澳网之后采用了鹰眼系统。据有关方面统计，2006年迈阿密大师赛球员总共有161次挑战，其中有53次成功并得以改判，而其中男子球员84次成功32次，女子77次成功21次。

目前看来，鹰眼技术对网坛的冲击与前两次科技革新颇为不同，支持与反对的双方观点泾渭分明。支持者认为：有研究报告已经证实当选手面朝或者背离球的方向运动时，他们的视线是存在盲点的，司线的头部有任何轻微的晃动都肯定会让他们错过网球砸向地面的那个瞬间，在这种情况下，比赛中针对球的落点出现的争议越来越多。鹰眼技术的应用势在必行。

鹰眼技术形成的初衷是为了让网球比赛更加公允客观，但比赛仅有客观公正是不够的。对于一个伟大的球员来说，与裁判打交道，消除误判对自己心理的影响，同样是比赛不可或缺的一部分。鹰眼的出现改变的绝不仅仅是球员、司线以及主裁判在判断争议球时的技术手段，还有观众的消费趣味。

实践初步证明，有限的但并不会打断比赛节奏的鹰眼挑战，将会受到网球界各方面的欢迎。鹰眼已经逐渐为更多赛事组织者和运动员接受。那套仅需耗时10秒钟就能中止争论的即时重放系统，它们重叠在一起，形成网球运动中新一轮的科技革命，使网球运动更加富有魅力，更加使广大爱好者为之疯狂。澳网在鹰眼的基础上使用了电子线审，可以立即呼报，准确又及时，更加先进。

第二章　青少年网球运动训练的基本理论

第一节　不同年龄阶段的训练目标与内容

一、启蒙阶段运动员的训练目标与内容

（一）启蒙阶段运动员的训练教学目标

（1）启蒙阶段：6~9岁。

（2）教学目标：

1）培养对网球的兴趣爱好。

2）培养多种运动能力。

3）培养文明、礼貌、守纪律的网球礼仪。

（3）训练教学目标：

1）身体素质要求：重点发展柔韧、灵敏、协调、平衡及速度能力训练。

2）技术要求：通过学习短式网球，学会网球的基本技术，初步学习落地击球、截击球、发球、高压球等技术。重点放在正确的步法、平衡和重心的转移上。

3) 战术要求：在此阶段学会基本的站位。

4) 心理素质要求：培养对网球的兴趣，以及对训练比赛不屈不挠的精神。

(二) 启蒙阶段运动员的训练要求

(1) 训练总时间：4 小时/周。

(2) 专项训练与非专项训练之比：30∶70。

(3) 具体训练要求和特点：

1) 身体训练要求：参加多项体育活动；用音乐训练以提高节奏感；力求发展全面的协调性和灵巧性；每周约 2.5 小时。

2) 技战术训练要求：与同伴合作；少失误；每周约 1.5 小时。

3) 心理素质训练要求：娱乐和学习期；强调自由练习和努力；确保有进步；经常表扬运动员。

4) 运动员个人的训练要求：乐于打球和训练；学会与其他人很好地合作；学会集中精力（了解练习科目、记分、报界外球）；学会控制情绪；学会显示良好的体育道德。

5) 比赛安排特点：娱乐性和有节制的比赛；男女可以一起参与；小网球队比赛。

6) 训练特点：训练方式的多样性和娱乐性；允许一定时间的自由练习和创造性练习。

7) 考核内容安排：30 米冲刺、折返跑、跳远、跳绳、网球接抛球；行为表现（智商和竞争力等）。

(三) 启蒙阶段训练内容安排

1. 身体训练的内容安排

(1) 通过移动和运动技能训练提高身体素质和技能。

(2) 通过综合协调性练习（跳绳、跳跃、跑步、变向、灵活性等）训练移动技能，提高手—眼协调性、时空协调性（掷球、接球、击球、运球）。

(3) 加强身体自我控制练习（平衡、侧向平衡、身体意识等）和抗阻力训练（跑、变向、投掷、掷球比赛、其他运动项目如踢球）。

2. 战术训练的内容安排

(1) 学会记分和使用基本规则比赛。

（2）学会打有质量的多拍球（用中速的弧线球迫使对手发生失误）。

（3）运用打对方反手的战术。

（4）接中路球时用正手。

（5）需要防守时加大击球的弧度。

3. 技术训练的内容安排

这一阶段的技术训练必须有效地满足优先的战术训练的需要。一些关键的基本技术包括以下四点：

（1）击落地球，包括接发球——握拍、准备姿势、击球点、挥拍的幅度、还原。

（2）截击——握拍、击球点、触球动作。

（3）发球——握拍、平衡、抛球。

（4）对于刚刚开始学习网球的孩子们来说，重要的是学会用基本正确的握拍法击球。鉴于他们在以后的道路上要走自己的路（通过职业生涯坚定地走自己的路），由于许多不同因素，一名球员使用的握拍法可能演变为不同的握拍法。[①]

二、基础阶段运动员的训练目标与内容

（一）基础阶段运动员的训练教学目标

（1）基础阶段：9~12岁。

（2）教学目标：

1）学习掌握网球基本技术和战术；

2）全面发展运动员的身体素质；

3）培养和提高儿童的自尊心和自信心。

（3）训练教学目标：

1）身体素质：重点发展灵敏性、协调性、核心力量、速度、柔韧、平衡、节奏及一般有氧能力和关节养护性训练等。

---

① 吕耀杰.青少年网球学练技巧一点通［M］.北京：中国书籍出版社，2022.

2）技术要求：学习网球各项基本技术（底线正反手击球、发球、接发球、高压和截击球、反弹球等技术）；学会各种击球方式（上旋、下旋、侧旋）；同时注重基本步法和功能性动作模式的剥离训练（即单一动作模式训练）。

3）战术要求：学会单打和双打的基本战术，在训练中使用击球后随球上网、发球上网、接发球上网等战术；培养战术意识。

4）心理素质要求：培养强烈的自尊心，对比赛不服输的精神。

（二）基础阶段运动员的训练要求

（1）训练总时间：9小时/周。

（2）专项训练与非专项训练之比：50∶50。

（3）具体训练要求和特点：

1）身体训练：参加球类运动，如足球、篮球、乒乓球；继续提高协调性和灵巧性；每周约4.5小时。

2）技战术训练：粗略地学习各种击球动作；介绍比赛战术的各个方面。重点放在正确的握拍和正确的步法。鼓励挥拍时加速和放松；鼓励运动员坚持从底线攻击短球（进攻的准确性）；提高各种打法的"球感"和创造性；每周约4.5小时。

3）心理素质训练：鼓励和提高自尊心；正确地对待胜负；传授常用的确定目标的方法；提出适度的要求。要求运动员：乐于比赛；培养一种竞争精神；和同伴练习时善于配合；培养良好的训练习惯；通过"每球必救"的态度提高全力以赴的能力；显示每次击球都要打在界内的决心；提高专注的能力；学会在比赛时保持一种积极的形象和姿态。[①]

4）比赛安排特点：每年大约15场单打和30场双打比赛；单循环赛；娱乐性的比赛；男女可一起比赛。

5）教学特点：需要好的示范动作；多数可用的时间用作运动技能的训练，因为这一年龄段的发育通常是最慢的。

---

① 李方江. 青少年网球运动快速入门［M］. 北京：光明日报出版社，2014.

6）考核内容安排：

①身体素质测试：30米冲刺、折返跑、跳远、跳绳、网球接抛球、侧向移动、坐位体前屈；

②正反手击球、发球、接发球、截击球、高压；

③心理素质：成功动机、性格、情绪稳定性、智商。

(三) 基础阶段的训练内容安排

1. 身体训练的内容安排

（1）进一步提高基本的移动技能和基本的运动技能。

（2）速度和灵活能力。

1）听到一个信号就能做出快速反应。

2）具有良好的直线跑和变向的技巧。

（3）身体协调能力。

1）跳绳。

2）左右手都能掷球。

3）在移动练习中，能保持身体平衡。

4）提高反应速度、时空分析能力和在困难情况下的协调性。用计时比赛的形式提高协调性。

（4）柔韧能力：利用常用的姿势进行一般性柔韧性练习。

（5）力量能力：用身体自重进行力量—耐力练习（不增加负重）。

（6）耐力能力：跑10~15分钟，跳绳1~2分钟（不间断）。

（7）参与其他运动项目：通过参与其他运动项目的活动方式，提高速度和灵活性、协调性、平衡能力、决策能力、力量和耐力。

2. 战术训练的内容安排

（1）懂得比赛中高度的稳定性的重要性。

（2）学会用有质量的对攻（包括接发球）将对手逼向后场。

（3）学会运用旋转改变击球的弧度或线路调动对手。

（4）学会打对手的弱点（这一阶段常指反手），包括发球和接发球时。

3. 技术训练的内容安排

学习网球各项基本技术（底线正反手击球、发球、接发球、高压和截击球、反弹球等技术);学会各种击球方式(上旋、下旋、侧旋);同时注重基本步法。

这一阶段的技术训练必须有效地满足优先的战术训练的需要。一些关键的基本技术包括以下几点:

(1) 击落地球和接发球。

1) 熟练地掌握击球点(正确的击球时机)和挥拍的幅度。

2) 击旋转球(上旋和下旋)的技术训练。

3) 加大击球动作(准备动作)的幅度。

4) 适应在紧急状态下的击球。

(2) 发球。

1) 适当的前臂内旋。

2) 身体平衡和抛球,双臂的协同动作,接着做一个正确的掷球动作。

3) 只有做到上面各项要领时才会使用双腿的力量。

(3) 截击。

1) 使用大陆式握拍方式。

2) 学会固定击球点。

3) 要将拍头置于腕部的上方。

4) 努力训练手感。

(4) 高压。

1) 掌握正确的准备姿势,找准击球点。

2) 学会掷球动作和转髋。

(5) 步法。

这一阶段的所有战术训练都应保证准备姿势和还原正确。

三、提高阶段运动员的训练目标与内容

(一) 提高阶段运动员的训练教学目标

(1) 提高阶段:13~15岁。

(2) 教学目标:

1）熟练掌握各种技术，提高战术运用能力。

2）提高身体运动能力，注重运动员的拼搏精神。

3）注意力集中能力的培养。

（3）训练教学目标：

1）身体素质要求：进一步提高灵敏协调能力，发展上下肢的动作速度，强化快速力量、核心力量及无氧耐力、力量耐力和高强度有氧能力训练。

2）技术要求：熟练掌握各项基本技术；合理运用各种击球方式；注意纠正不合理的动作。

3）战术要求：具备基本的战术运用能力；利用发球和接发球给对手制造压力，熟悉各种打法并提高各种打法的能力以及判断能力。

4）心理素质要求：勇于学习和创新。

（二）提高阶段运动员的训练要求

（1）训练总时间：11小时/周。

（2）专项训练与非专项训练之比：55∶45。

（3）具体训练要求和特点：

1）身体训练要求：提高上肢和下肢的动作速度；协调性和灵巧性的最佳配合；速度比赛；提高柔韧性；快速力量、核心力量及关节养护性训练；参加辅助运动项目的活动；每周约5小时。

2）技战术训练：鼓励挥拍时加速和放松；鼓励使用进攻的打法和策略；对击球动作和技术要精益求精，加强功能性动作模式的整合训练；提高各种击球动作的稳定性；训练从一开始就应该接近实战情况，每周进行约六种模拟比赛情况的训练。

3）心理训练：强调学习和发挥，而不是取胜；强调用100%的努力；鼓励运动员勇于拼搏。

4）比赛安排特点：每年50场单打和30场双打；如可能，在沙土地比赛；参加地区性和全国性的比赛；两个赛期。

5）教学特点：教练员要强调发挥和过程，而不是结果。

6）考核内容安排：

①身体素质测试：30米冲刺、折返跑、跳远、跳绳、网球接抛球、侧向移动、坐位体前屈。

②正反手击球、发球、接发球、截击球、高压、放小球、反弹球、挑高球。

③心理素质：成功动机、性格、情绪稳定性、智商。

（三）提高阶段的训练内容安排

1. 身体训练的内容安排

20米冲刺、掷实心球、仰卧起坐、垂直跳、侧向移动、多级折返跑测试、坐位体前屈。

2. 战术训练的内容安排

具备基本的战术运用能力；利用发球和接发球给对手制造压力，熟悉各种打法并提高各种打法的能力以及判断能力。

3. 技术训练的内容安排

熟练掌握各项基本技术；合理运用各种击球方式；注意纠正不合理的动作。

四、高水平阶段运动员的训练目标与内容

（一）高水平阶段运动员的教学训练目标

（1）高水平阶段：16~18岁。

（2）教学目标：提高参赛能力，确立自己的努力目标，培养责任感和勇敢顽强的品格；重视比赛成绩的获得。

（3）训练教学目标：

1）身体素质要求：重视灵敏协调能力、快速力量及核心专门性力量训练，发展速度耐力和力量耐力，提高柔韧、平衡和有氧能力。

2）技术要求：强化和完善各项基本技术运用能力，突出特长，形成技术风格；提高快速移动中击球技术和有效反击能力，加强功能性动作模式的整合训练。

3）战术要求：提高防守反击能力；变换和加快节奏给对方增加压力的能

力；结合个人打法，熟练掌握战术和临场应变能力。

4）心理素质要求：培养独立思考能力。

(二) 高水平阶段运动员的训练要求

1. 训练总时间：20 小时/周

2. 专项训练与非专项训练之比：70∶30

3. 具体训练要求和特点

(1) 身体训练要求：快速力量、核心专门性力量、功能性力量、灵敏耐力、速度耐力、力量耐力和有氧耐力训练；每周约 8 小时。

(2) 技战术训练要求：尽量发展独特的风格；进一步提高击落地球的爆发力、深度和球路；每周 15~20 小时。

(3) 心理训练：提高自主能力，即独立负责自己的训练。

(4) 比赛安排特点：每年 70 场单打和 35 场双打；最大的比赛量；胜负之比为 2∶1。

(5) 教学特点：教练员对一名运动员来说，更多的是做计划和组织工作。

(6) 考核内容安排：

1）身体素质测试：30 米冲刺、折返跑、跳远、跳绳、网球接抛球、侧向移动、坐位体前屈。

2）正反手击球、发球、接发球、截击球、高压、放小球、反弹球、挑高球。

3）心理素质：成功动机、性格、情绪稳定性、智商。

(三) 高水平阶段训练内容安排

1. 身体训练的内容安排

重视发展速度耐力、抗阻力量训练。

2. 战术训练的内容安排

提高防守反击能力；变换和加快节奏给对方增加压力的能力；结合个人打法，熟练掌握战术和临场应变能力。

3. 技术训练的内容安排

强化和完善各项基本技术运用能力，突出特长，形成技术风格；提高快速移动中击球技术和有效反击能力。

第二节 网球训练的原则与方法

一、网球教学原则

教学原则是教学实践中具有普遍意义的认识，是教学过程客观规律的反映，也是教学工作必须遵循的基本要求。在网球运动教学中要正确地遵循体育教学原则，以利于教学任务的完成和教学质量的提高。网球教学过程既要遵循一般的教学规律和原则，又要遵循网球教学特有的规律和原则。

（一）一般原则

1. 直观性原则

直观性原则是指在网球教学过程中，结合网球运动规律及特点，充分利用学生的听觉、视觉、肌肉本体感觉和已有的知识、技能，以获得生动形象的表象，通过教师的正确示范和广泛运用挂图、图片、电影、录像等现代化的教学手段，从而达到有利于学生掌握网球的知识、技术和技能的目的。

在网球教学中常用的直观方法有：技术动作示范、技术动作图片、技术动作、比赛录像、助力和阻力等。通过这些直观教学方法，使学生认清各项基本技术特点、运用范围、动作方法和要领、动作结构和动作之间的相互内在联系，使其建立正确的技术动作概念，从有意识地模仿，体验动作，达到尽快掌握技术动作的目的。[1]

2. 自觉积极性原则

自觉积极性原则是指在教师指导下，充分调动学生学习的主动性和创造性，发挥学生学习的主体作用，使学习成为学生的自觉行为。学生是学习活动

---

[1] 张喆，马明纯．网球进阶训练［M］．吉林：吉林科学技术出版社，2012．

的主体，而教师则处于主导地位，唯有学生的积极参与教学方可成功，因此在网球教学过程中，必须坚持自觉积极性原则。

3. 循序渐进原则

循序渐进原则是指教学中根据学生的认知规律、动作技能的形成规律和人体生理机能活动能力的变化规律，正确安排教学内容和运动负荷，选择教学方法，由简到繁、由易到难、由未知到已知，逐步深化，使学生能系统地学习和掌握知识、技术和技能，逐步发展身体，增进健康。网球知识技能的学习就是一个渐进的过程，技术技能的教学要由浅入深地进行。此外，学到的知识技能还要不断地练习巩固，因此，要采用有效的方法，及时巩固学习的知识。

4. 巩固性原则

巩固性原则是指在网球教学中，为使学生牢固掌握网球技术，逐步提高和完善，建立正确的动力定型，通过多次反复地学习和练习，从量变过渡到质变，达到熟练运用和自如的程度，并不断发展身体素质，达到增强体质的目的。巩固性原则是由条件反射强化和消退的理论及人体技能适应性规律所决定。网球技术、技能的掌握是大脑皮层建立动力定型的结果，如果不及时提高，那么动力定型就会消退。

5. 从实际出发原则

从实际出发原则是指在网球教学中，教学的任务、要求、内容、组织教法和运动负荷的安排等都要从客观实际情况出发，并力求符合学生的年龄、性别、身体发展水平、体育基础、心理素质、接受能力，以及从学校的场地、器材、设备、地区气候变化特点等实际情况出发，合理安排教学，使学生能够接受，并充分、有效地掌握击球基本技术，完成课时任务。

（二）特殊原则

网球运动有其独特的特点，因此在网球教学中有些特殊原则需要遵循：

1. 学习与实战相结合原则

网球运动具有对抗性和开放性的特征，这决定了其教学过程必须把实战对抗能力放在重要地位。从认知策略上来说，开放性运动技能教学的规律要求技术动作的学习必须与实战运用相结合发展。学生在习得网球技能时，不是把技术仅视为固定程序的身体操作，而是建立起在移动中对抗的概念和技术实效的概念。从某种意义上来说，网球技能形成与发展的普遍规律是从实战中学和在适应中学，因此，把技术动作的学习与实战运用的能力培养发展结合起来非常必要。

2. 知觉优先发展原则

网球是以球拍为工具、用球拍击球的运动，场地、器材等要素构成了网球运动独特的运动环境，网球教学首先要求对网球运动的环境和器具进行感知。这种感知是专门性知觉发展的过程，其中对网球教学至关重要的是球拍对球的控制能力，教学中要优先发展这种能力，以确保技术动作的学习，采用的方式常常是大量的多球练习。因此，专门性知觉优先发展是网球运动所特有的教学原则。

3. 个性化原则

网球教学普遍追求的目标是技术动作的规范性，节省和实效是技术动作的规范化要达到的目的。由于学习者的身体形态、行为习惯、身体素质、智力和网球运动经历等方面存在差异，使得"技术的规范化"的个体表现也存在较大的差别。教学的目的是使初学者通过练习形成符合自身条件的动作完成方式。因此，网球教学容许学生之间存在技术动作上的细微差别，即要在规范化的基础上遵循技术的个体化原则。由于个体差异的存在，网球教学必须根据对象的不同来选择不同的教学方法，要照顾不同能力的对象的学习速度，贯彻个性化原则。

二、网球教学的方法

网球教学方法是指在网球教学过程中，教师根据网球教学的目的、任务、内容所采用的措施和手段。网球教学方法对网球教学有着重要影响，关系到网球教学质量的高低和教学目的的实现。

(一) 语言法

1. 讲解法

讲解法是网球教学工作中一种运用语言法的普遍形式，它指的是教师将教学的任务、内容、要求、动作名称、动作要领等用语言向学生说明进行教学的一种方法。讲解法在理论教学、思想教育和技术教学中都起着重要的作用。

在网球实际教学中，教师运用语言启发学生积极思维，加深对教材内容的理解，是促进学生对技术、技能掌握的基本方法。讲解的科学性和艺术性非常重要，在很大程度上影响着教学效果，是教师教学水平的一个重要标志。在教学过程中要不断进行经验总结，在语言表达上精益求精是教师需做的工作。

2. 口头评讲

口头评讲指在网球教学过程中，教师按一定的标准、要求，口头给学生进行一定评价的方法。口头评讲运用很广泛，是教师对学生掌握知识、技术、技能的情况和思想作风等方面表现的一种反馈。在网球技术教学中，一般运用口头形式给学生以即时反馈者为多。即在学生做练习后马上进行指导或提出新要求。因为一般对动作的记忆大多是在大脑皮层的短时间储存，超过 25~30 秒就会消退 25%~30%，因此口头评讲最好在完成动作后的 25~30 秒。在口头讲评学生的思想作风表现时，实事求是是总的原则，但也要做到具体问题具体分析。如对自尊心强、比较敏感的人，说话的方式和方法要注意；对于屡教不改，又满不在乎的人，可考虑说得适当重些。[①]

3. 阅读书面材料

在现代教学，教师的讲解只是众多方式中的一个，让学生看书面材料也是一个重要的教学方法。学生通过阅读材料，知识得到了充实，自学能力也得到了培养。另外，教师还经常以批改训练日记等书面形式对学生进行教育和指导。

4. "默念"和"自我暗示"

默念是指在做动作前，默想整个动作或动作要领、发力和击球方向等。自我暗示是指在练习过程中，暗自默念技术动作的关键字句，如底线抽球的引拍、上步、击球、随挥等动作要领。

语言法是一种非常行之有效的教学方法，通过有效的语言反馈，可以使运

---

① 陈建强. 网球学与教 [M]. 上海：复旦大学出版社，2010.

动员从外部获得自身所做动作正确与否的信息，从而有利于运动员掌握动作。这种对某一特定技能的正确理解的方式有利于大脑对动作的记忆和动作定型。因此，正确有效的语言使用有利于加快学习过程的效果。

(二) 直观法

直观法是指在教学中，借助视觉、听觉、肌肉本体感觉等器官来感知动作的一种方法。网球教学中常用的直观方法有动作示范、教具和模型（挂图、照片）、电影、录像、多媒体等现代教学手段。

1. 动作示范

动作示范是进行网球技术教学时最常用的一种方法。它指教师（或学生）以具体动作为范例，使学生了解所要学习的动作规范、结构、要领和方法。正确优美的动作示范，可使学生建立正确的动作表象，提高学生学习的兴趣。如上手切削发球的动作示范。在教学中，教师应经常研究探讨，不断提高动作示范的质量。具体运用动作示范法时，应注意以下几个方面的问题：

(1) 动作示范的重点和难点要突出。网球动作的重点和难点是技术动作的主要部分，也是学生掌握这一动作需要掌握的。这就要求在示范教学过程中，各技术动作的重难点及关键必须得到鲜明的展示，并以简明扼要的讲解作为辅助，这样就使学生对动作的要点和关键的掌握更加清楚，也能顺利解决其他问题，动作的学习也能更顺利地完成。

(2) 动作示范的位置要合理。教学过程中应根据学生队形和方位，示范动作的技术特点及安全要求，合理而准确地选择示范位置，如果示范的位置选择不当，则会影响部分学生的观察和模仿，进而形成错误的动作概念，影响教学效果。

网球教学中常用的示范位置包括以下几点：

1) 队列前示范：一般情况下，教师的示范位置应站在横队为底边的等边三角形的顶点，使每一个学生都可以看清楚老师的动作。

2) 队列中间示范：学生面对面站队，教师位于两队中间示范。网球教学中进行发球示范时，可安排学生分两队站球场两侧观看。

3) 错队斜位示范：学生人数较多，列队为排，则各排之间错位适当的距离，教师位于学生队形的左前方或右前方示范，示范时可采取正面示范、侧面示范等不同形式，让学生从不同的角度掌握技术动作的要点。

（3）动作示范的时间要科学。在网球教学中，何时进行动作示范可以根据教学对象和动作的难易来决定。有的可以先示范，后讲解，再练习；有的可以先讲解，后示范，再练习；也有的可以先练习，再示范讲解；或者也可以边练习边讲解示范。动作示范的时机掌握应该依据不同的教学内容来选择。在进行挑高球技术的教授时，应先讲解挑高球是把落地球挑过对手的头顶，使对手无法用高压球回击的击球技术，但这并不能使学生构建生动的动作表象，这时就需要利用示范进行教学，挑高球的技术示范包括握拍法、准备姿势、后摆动作、击球动作、随挥跟进，示范完再安排学生根据动作要领进行练习。而对于发球教学，则一般应该先示范最简单最常用的发球动作，然后再进行讲解和练习。

（4）动作示范要准确优美。动作示范的准确优美与否直接关系到教学效果的好坏。优美的示范可对学生产生巨大的吸引力和诱导性，为学习创造良好的心理生理条件，加快运动条件反射的建立。为了使学生对网球产生浓厚的学习兴趣，并有强烈参与的心理意识，要求示范动作应轻松、大方、协调、优美，使学生的直觉感官获得良性刺激和美感。另外，示范动作必须层次清楚，基本动作、慢动作、分解动作环环相扣，循序渐进。教学示范时，教师还要保持稳定的情绪，以便能够清楚地意识到示范动作的情况，掌握示范动作的质量，控制示范动作的程序，力争使示范动作优美准确。教师还要善于控制学生情绪，培养学生良好的心理素质，逐步提高学生的观察能力和分析能力。[①]

（5）动作示范要正误对比。教师在进行正确技术示范后，可以形象地模拟一下常见的或典型的错误动作，这样可以使学生在学习新动作时，更清楚地建立动作概念，预防错误动作的发生，在纠正错误动作时，明确自己的错误所在。通过鲜明的对比，学生对正确技术和错误动作都会有更明确的认识。

2. 教具和模型教学

教具和模型教学是指通过挂图、图表、照片等直观教具所进行的一种教学

---

① 李方江. 青少年网球运动快速入门 [M]. 北京：光明日报出版社，2014.

方法。教师示范往往一晃而过，教具可以长时间观摩，而且还可根据情况突出某个细微的环节，所以应充分利用图表、模型和照片等直观教具。采用该方法有助于学生建立正确的动作形象，了解技术动作的全过程。

3. 电化教育

这种教学方法是利用电影、录像、多媒体等现代电化教学手段进行教学，是一种生动、形象、富有真实感的教学方法。看一次实际训练或比赛，往往印象不深，注意了这方面，忽略了那方面，而电影和录像等电化教学手段却可弥补此缺点。特别是慢速电影，更有它的独到之处。该方法的灵活运用，能引起学生的学习兴趣，有助于学生明确技术的进程，还可以根据教学的需要放慢动作，甚至定格，对动作进行深入的分解和剖析。

录像反馈教学方法是电化教育范畴中的一种，它是借助于现代化的视听教育技术媒体的一种教学活动，其方法是利用摄录系统将学生的技术动作进行录像，然后对其技术动作进行分析、评价，针对动作状况提出改进方案，让学生再次练习，并录像记录训练实况，再次分析与评价，重复进行。在网球教学中，录像方法的重要作用有：有效控制教学过程；反馈及时、准确；提高学生的学习兴趣性；开发学生潜能。现阶段，录像反馈已被广泛地运用到教学实践和学生行为分析研究中，它的及时准确已被国内外众多学者所认可。录像反馈教学的形式简单，而且具有广泛的适应性。[1]

4. 利用附加装置

在球网上加一条细绳来调节学生击球的弧线，从而达到将球打深的目的；在对方球场上放置几个圆锥体，以提高学生击球的准确性。

5. 助力与阻力

借助外力（如教师）的帮助或对抗力的阻碍，使学生通过触觉和肌肉的本体感觉，直接体会动作的要领和方法，多在初学或纠正错误动作或体会某一动作细节时运用。

（三）分解法与完整法

在具体实施教学时，一般有分解法和完整法两种方法。

---

[1] 杨三军，赵伟科．高校网球教学与训练指导研究［M］．长春：吉林大学出版社，2014．

1. 分解法

分解法是把一个完整动作的技术合理地分成几个部分，按部分逐次进行教学，最后完整地掌握动作技术。分解教学能化繁为简，化难为易，使复杂的动作变得简单明了，从而简化教学过程，增强学生学习的信心，有利于学生更快更好地掌握复杂动作。但是，分解教学运用不当就容易造成动作割裂，破坏动作结构的完整性，从而影响正确技术的形成。因此，在进行分解教学时，要使学生明确所划分的部分在完整动作中的位置与作用；同时还要考虑到各部分动作之间的有机联系，使动作部分的划分不致改变动作的结构。通过分解教学基本掌握所授动作之后，应适时向完整动作练习过渡，以便更快地掌握完整技术。应明确分解只是手段，完整才是目的。

2. 完整法

完整法是从动作的开始到结束，不分部分和段落，完整地进行教学。这种方法的优点是，能保持动作的完整性，不会破坏动作的结构和各部分之间的内在联系，便于学生完整地掌握正确技术。完整法一般是在动作比较简单（如准备姿势），或者动作虽然比较复杂（如上手发球动作的完整动作），但难以进行分解的技术或为了不破坏动作结构时采用。

3. 综合运用

分解法与完整法是相对而言的，对于整体来说是分解，对于局部来说则是完整。教学方法的选择应考虑动作的复杂程度和学习者的接受能力。通常来说，学习简单技术时，完整法优于分解法；而学习复杂动作时，分解法又优于完整法。对具体学生来说，动作的复杂过程也是相对的。对基础好、学习能力强者，可能是简单技术，宜采用完整法施教；而对基础差、学习能力弱者，则可能是复杂技术，宜采用分解法施教。

在网球教学中，应把分解教学与完整教学很好地结合起来。采用分解教学应以掌握完整技术为目的，通过分解练习体会动作要领，并积极创造条件向完整练习过渡。在完整教学中，亦可以用分解法来加强局部动作的练习。网球教学中常用的方法是"完整—分解—再完整"练习法，这种教学方法以完整教学为主导，把分解法和完整法很好地结合起来。在教师示范、讲解后，就让学生完整试练，初步建立完整动作概念，然后再进行一定的分解练习，使学生初步掌握分解动作要领，接着又转入完整动作的练习。"分解—完整—再分解—再完整"练习法是另一种常用的方法。在教学中，先进行分解练习，让学生初步体会分解动作要领后，即转入完整练习；再进行分解练习，改进局部技术，最后再进行完整练习。通过几次循环，达到完整地掌握动作技术的目的。

（四）预防与纠错法

在网球教学中，由于各种原因，学生难免会产生这样或那样的错误动作。不及时纠正就会形成错误的动力定形，影响正确网球技术、技能的掌握和提高，严重者甚至会引起运动损伤。因此，在教学中，教师必须采取积极有效的措施，来预防和纠正错误。

1. 预防法

指教师在教学过程中，所采用的有效防范错误动作的各种手段与方法。在教学中，教师应根据教材内容、特点，对学生可能产生的错误要预先提醒，或在教学手段上注意预防，对已发生或偶然产生的错误动作要及时指正，防止学生错误动作的形成，减少错误动作的发生。

2. 纠错法

指对学生个人出现的错误或班组集体存在的共性错误以及战术配合中形成的错误，教师有针对性地采用的纠错手段和方法。在教学过程中，常用的纠正错误动作的方法有正误对比法、矫枉过正法、降低难度法、附加条件法、限制教学法等。

预防与纠正错误动作，应先找出产生错误动作的原因，再对症下药。例如，有的学生学习目的不明确，有的学生对所学动作的技术概念不清，出现这种情况，可能是教师的原因，如教师讲解不清或教法不当，也可能是学生的原因，如学生不认真听讲，自以为是或本身理解错误都可能形成错误的概念，形成不正确的动作。这时应请学生讲解并示范动作要领，发现错误，及时纠正。有的学生怕动作大，以至于形成腰、腿都不会动的错误动作。出现这种情况，教师要从道理上讲清、用实例说明。有的学生身体素质不好，如协调性差，打球动作僵硬等，教师要有针对性地对其进行身体训练。学生出现的错误技术动作还有可能是教师安排的练习内容不当造成的。总之，在学生出现错误动作时，要针对不同的情况对症下药。①

（五）练习法

网球教学中分无球动作练习与有球动作练习。无球动作练习包括手法、步法及二者的结合练习。有球动作练习又可分为不上场（如垫球、拍球、对墙击球等）与上场的打球练习。上场的打球练习，又可分为单球与多球练习，也可分为单人击球练习与对打练习。

在网球课的实际教学训练中，教师无论采取何种练习方法都必须考虑一些最基本的要求，如场地数量、学生人数、可使用的球数、学生的水平、练习目的、学生送球的能力（用手送、用球拍送或对打）、挡网、后挡墙和其他可提供的设备等。

（六）比赛法

比赛法既是教学的方法，又是检查教学的手段，是达到检验教学效果和提高网球技术战术运用能力的一种教学方法。它在调动学生的积极性方面具有特殊的作用。

1. 比赛法分类

根据比赛的内容可分为专门性的技战术比赛（如正手底线对攻比赛、发球上网比赛等）和实战性比赛。

根据比赛的分数可分为规则规定的比赛和特定比分比赛。

根据比赛的规模与气氛可分为内部比赛和公开比赛。

2. 比赛法选择

运用比赛法时，可根据不同的目的，选用不同的比赛方法。另外，还应特别注意在整个网球教学计划中比赛所占的比例。

（七）游戏法

游戏法是指以游戏的方式，在规则允许的范围内，充分发挥学生的主动性

---

① 张永垛，刘积德，段立军. 网球运动发展理论研究与学练实践［M］. 北京：中国时代经济出版社，2014.

和创造性,以达到网球教材内容所规定的目标,而组织学生进行学习的一种方法。

第三节 网球训练计划的制订

一、训练计划概述

训练计划是对未来训练过程预先做出的理论设计,也是教练员、运动员进行运动训练的依据。

(一)训练计划的类型和形式

1. 训练计划的类型

训练计划可分为多年、全年、阶段、周、日、课和单元训练计划,划分的依据为训练计划时间的跨度。

(1)多年、全年训练计划。安排较长时间的系统训练主要使用的是多年训练计划和全年训练计划,多年、全年训练计划是具有全局意义的战略性规划、计划的内容,是框架式的,不要求过于详尽,它较为稳定。随着现代训练对长期系统的训练越来越重视,多年、全年训练计划的制订也变得越来越重要。

(2)周、日、课、单元训练计划。周训练计划与日、课训练计划在训练中变化较多,都属于训练实施的具体计划。随着现代训练的发展,日、课训练计划的科学性越来越显得重要;同时重视同一训练内容的连贯性,例如,某一训练内容在阶段、周和日的训练中要持续一定时间,在这段时间的各次课中常反复出现,并形成一个训练单元。因而在制订以上各种计划的同时,也应制订某训练内容的单元训练计划,也就是训练计划的纵、横结合,不同类型的训练计划既有共同的训练要求又有各自功能结构的特点。任何一个训练计划的功能结构都具有相对的独立性,但又与其他训练计划有密切的功能结构联系,它既从属于高一层次计划，又包括若干个下一层计划的结构，其功能也是逐步变化的。[①]

2. 训练计划的形式

训练计划有个体训练计划、集体训练计划和混合型训练计划三种基本形式，具体对象及训练的组合方式是其划分依据。

（1）个体训练计划。为每一个运动员制订一个训练计划就是个体训练计划。在现代训练不断发展的情况下，现代训练的特点之一便是实施个体化训练。个体的生物适应性存在较大差异，主要表现在年龄的阶段性、不同训练水平的个体，以及不同训练手段所产生的不同适应性的反应，尤其是高水平运动员负荷内容的明显个体性上，这就决定了个体的针对性越强，则效果越好、收效越快。对于个体运动项目，个体训练计划比较适合，也比较科学，但教练员的工作量却很大。

（2）集体训练计划。集体训练计划是为若干个运动员组成的集体制订一个内容与安排基本相同的共同调练计划。集体训练计划主要用于技术水平差不多的运动员，尤其常用于启蒙训练阶段和基础训练阶段，而对优秀运动员来说则不是很适宜，因为集体训练计划很难进行区别对待，针对性不够强。因此，往往还要通过制订个人的训练计划加以补充。不过，集体训练计划能减轻教练员制订计划的工作量。

（3）混合型训练计划。混合型训练计划综合了集体和个体训练计划的优点，它将集体和个人训练计划结合起来，既有共同的要求与安排，又有对不同个体的特殊要求。它是目前应用较广的训练计划形式，因为一个教练员要负责多名运动员的训练，对他们来说，完全制订个体训练计划是很困难的。

（二）训练计划的基本结构

不同类型的训练计划在内容上各有自己的特殊要求和侧重点，但各种不同时间跨度的训练计划在结构上基本上是一样的，都包括准备部分、指导部分、实施部分和控制部分。

---

① 张守冬. 青少年网球运动训练体系构建研究 [M]. 长春：吉林大学出版社，2020.

1. 准备部分

训练计划的准备部分也就是目标决策阶段,包括对运动员起始状态的诊断和建立训练的任务及指标。这两项工作是运动训练过程中与训练计划的制订并列的两个独立的重要环节。对运动员起始状态的诊断是指运动员的专项成绩,机体机能、素质、形态、心理、智力和思想等竞技能力指标在上一训练过程的最高水平,以及训练计划完成情况和制订新的训练计划时的现实状态。运动员起始状态诊断是确定新的训练目标的基础。建立新的训练目标,它包括多年远景目标、全年最高目标以及阶段目标,参加各主要比赛的专项成绩指标,以及各个阶段的测验、考核和训练水平评定的分散目标。也是各种竞技能力的具体指标等。人们在制订多年、年度训练计划时,通常都会考虑这两方面工作,而在制订周、课等短期的实施计划时,则往往会忽视这两项工作,如主观地作出概略的估计,或者简单地用具体训练要求代替训练目标,由此极易加大训练的盲目性,脱离了预定的总目标。

2. 指导部分

指导性部分包括划分训练阶段、确定各阶段任务、安排比赛系列、规划负荷的变化趋势等内容。在训练计划的总体中,指导部分属于全局性的整体决策,与训练目标同为具有战略意义的重要内容。时间跨度越大的训练过程,指导性部分的意义就越大。

3. 实施部分

实施部分包括训练过程中训练内容的安排与相应的训练方法和手段的选择以及各训练手段的负荷要求与量度,如负荷量、负荷强度和总负荷节奏等。在制订负荷计划时要特别注意对负荷后应该如何恢复的问题、采取何种恢复措施的考虑。

4. 控制部分

运动训练的控制问题成为现代训练日益重视的问题。要通过有计划的检查评定和及时而又准确的诊断掌握反映运动训练进行情况的大量信息,从而根据所得反馈信息对运动训练进行控制。

训练计划也在不断变化发展之中。与传统的训练计划相比,当前的训练计划内容有以下变化和发展：从单纯重视训练手段的负荷安排转向重视负荷的动态节奏的设计；从不重视信息的获取，转向把信息获取作为制订计划的依据；从不重视恢复，转而把恢复措施与医务监督措施作为计划中的主要内容之一；从只注意重大比赛的安排，转向加强训练全过程比赛的系列安排；从只注意局部内容安排，转向对所有内容进行整体设计；从注意训练过程结束时的总结，转向在训练的全过程进行全面定量的反馈监控。

（三）训练计划的作用

训练计划有着重要的作用。通过制订训练计划，把训练过程的目标具体化为若干独立而又彼此有关联的训练任务和形式，进而更具体化为若干按特定要求进行的练习，运动员逐一去完成这些练习、去实现各个课次的各种形式的训练任务和要求，一步步地完成训练的总目标。训练活动的组织者通过训练计划去统一训练活动参加者的认识和行动，使运动训练过程所有的参加者了解如何训练便有可能完成训练目标，并且围绕着训练计划的贯彻与实施，统一教练员、运动员、科学工作者、医务监督人员、行政管理人员及后勤人员等的认识和行动。训练计划的具体作用表现在以下几个方面：

（1）训练计划为教练员、运动员提供了一个科学的训练目标和实现这一目标的方法模式。

（2）训练计划把整个训练过程变为一个整体结构，沟通了各个训练过程、训练环节和训练结构之间的联系。

（3）训练计划有利于教练员掌握和控制训练过程，对训练工作作出科学、客观的评价。

（4）通过对照计划所确立的训练模式，随时监控各个训练过程实现目标的情况。可以对诊断、指标等环节的状况作出适宜的评定，以利于训练目标的最终实现。

（5）积累训练过程的资料有利于对训练过程进行系统的研究。

二、制订训练计划的依据和要求

（一）制订训练计划的依据

制定训练计划是一项科学性很强的工作，需要考虑的因素有很多，如实现目标的需要，主客观条件的可能性以及符合运动训练的发展规律和各种科学原理。一般来说，制订训练计划有以下五个方面的依据：

1. 训练目标

训练计划所要实现的直接和间接、长期和近期、总体和局部的目标是该训练计划进行设计和规划需要围绕的。运动员由起始状态向目标状态的转移这一运动训练的根本任务的实现，要求必须选择和设计最适宜的道路，这就是运动训练计划。因此，训练计划的制订必须考虑到实现目标的需要。

2. 运动员的现实情况

训练目标的确定，国家竞技体育发展的需要是考虑因素，运动员竞技能力的各个方面所表现出的特点和现实状态也是需要考虑的一个方面，它是运动员训练过程的出发点，也是其状态转移的基础。训练计划是为实现运动员状态转移而制订，因此必须符合运动员的现实状态和特点，必须是运动员可接受的，又是足以导致运动竞技能力产生明显变化的。要建立这样的个体训练模式，实施个体化训练，以最大限度地提高训练效果。

3. 客观条件

良好的训练条件是取得理想训练效应的重要前提。这里首要的因素是教练员的事业心和业务水平，此外还有医务监督、恢复、场地器材条件及家庭各方面的社会保证等。根据平时训练中所能提供的各种训练条件（如场地器材、设备和训练地点、气温，以及经费和人力等）和比赛中所碰到的环境条件（如时差、比赛场地、观众、裁判、饮食、规则和竞赛规程等）制订训练计划，并进行有针对性的适应性训练和赛前的模拟训练。

4. 训练的客观规律

运动训练计划必须符合运动训练的客观规律才能取得成功。运动训练的客观规律如下：

（1）生物和自然界的节律性变化规律。现代训练是一个由多种因素影响而动态变化的过程，任何一种因素的变化都会影响训练的效果，其中也与生物节奏、自然节奏等有关。根据自然界的节奏和运动员机体的生物节奏的变化规律，去合理地安排训练，与比赛节奏更好地协调起来，以取得最好的训练效果。

（2）竞技状态的形成与周期性发展规律。运动员竞技状态发展形成的过程都包含着获得、相对稳定（保持）和暂时消退三个阶段，运动员不可能始终保持竞技状态，暂时消退会为下一次更高水平的竞技状态的形成准备条件，积蓄力量，一个又一个周期地推动着竞技水平的提高和发展。所以，我们必须根据竞技状态发展形成及其周期性发展规律，去确定训练周期结构和划分训练阶段，并据此安排训练负荷与比赛负荷节奏。

（3）训练生物适应性的产生与变化规律。训练适应是反映运动员机体在外界环境（指自然环境与训练、比赛环境，其中主要是训练负荷）刺激的作用下所产生的生物学方面的"动态平衡"（主要是能量的补充与消耗的动态平衡）。并按照"刺激—反应—适应—刺激—反应—适应"的规律变化。运动训练就是一个不断给予运动员机体适度刺激的过程，并通过反复刺激提高运动员机体的各种生物适应性，从而提高竞技能力和运动成绩。但在安排训练计划时要注意机体在负荷下的适应性和劣变性规律。[1]

（4）各种竞技能力和训练内容与手段之间的相互迁移（转移）规律。依据各种竞技能力和训练内容、手段之间的良好和不良迁移关系、合理地安排发展竞技能力的各训练内容与手段的教学训练程序，使训练过程的安排更趋于合理化。

（5）人体对承受负荷时的有限性和无限性规律。合理地安排负荷节奏，科学地实施大负荷训练，有效地提高运动员承受负荷的能力。

（6）重大比赛安排的规律。比赛既是检验训练效果的必经之路，又是组织训练活动的重要杠杆，比赛的安排是与竞技状态的发展相吻合的，竞技状态的高潮正是重大比赛所在的时间，合理的安排比赛应该是以重大比赛为核心，组成大、中、小型比赛交叉安排的比赛序列。在制订计划时，必须先考虑各种比赛设置的实际节奏，再考虑自身情况，合理地确定运动员参加比赛的级别、次数的节奏。

---

[1] 张守冬. 青少年网球运动训练体系构建研究 [M]. 长春：吉林大学出版社，2020.

5. 现代训练的发展趋势

训练计划的制定还要紧跟现代训练的发展趋势。一成不变和墨守成规地制订训练计划是难以提高训练效果的，因此要经常了解并跟上现代训练在科学化方向上的发展趋势，在制订计划时要不断总结和创新。

(二) 制订训练计划的基本要求

1. 根据计划特点，确定计划方法

计划的概括和细微性取决于计划时间跨度的长短，计划的时间跨度越长，制订得越概括，如多年和全年训练计划是属于远景规划，只需概括地写；时间跨度越短，制订得就越细致，如阶段、周、日、课训练计划是属于中、短期计划和实施性计划，就需更具体。这是计划制订的总的原则，在这一总的原则下，不同的训练计划在制订上还有不同的要求。对于短期计划来说，由于不够稳定，所以只能根据实际变化的情况临时制订，不能预先制订。

2. 训练计划要简明、直观、实用

简明要求计划使人一目了然，不宜有过多的分析，文字要简练，对一些具体安排一般不再作过多的说明和解释。直观要求训练计划应以图表为主，辅以必要的简单的文字说明。表格用于表示训练计划中的训练目标、任务、内容、手段、负荷、比赛等的一些安排和定量指标，而图示多用于反映负荷的动态变化及各种内容的说明部分等。实用要求计划中的各种内容要尽可能做到明确、具体和定量化，以便检查、分析和评定。为此，应力求通过一些定量化的指标和统计指标（如各种反映竞技能力现实状态的指标，各种技术和战术的参数指标，各种生理、生化和心理机能指标等）为今后用数学方法对训练效果进行科学化的定量分析评定创造条件。

3. 注意各类计划和计划中的各种内容之间的整体性联系

计划是一个训练控制的总体模式，一个十分重要的任务就是保证计划的整体性，这一要求要注意以下两个方面：

（1）协调好各类计划的关系。训练计划具有连续性和阶段性。具体是指不论是多年的训练过程，还是周、课的训练过程，都是连续发生和不断进行的，运动员在每一特定时刻的状态都是其前一时刻状态的延续，又是后一时刻状态的先行,然而每一个连续的运动训练过程又都可以分为若干阶段,每个阶段的训练任务、内容、方法、手段以及负荷都有自己的特点,这些特点使它们明显地区别于其他阶段而得以独立存在。从多年计划到课时计划,是一个多层次系统安排,体现了系统连贯特点,是对训练过程的连续性和系统性的反映。低层次计划往往是高层次计划的具体化,是依据高层次计划确立的模式制订的。如它们之间的内在联系遭到忽视,各层次计划的相应内容指标没有对应起来,那么计划的整体效益就无法保证。因而各训练计划中的运动负荷、训练内容、比赛安排,以及各种指标的确定、各训练方法手段的安排等,都应相互连贯对应起来。下层次计划必须依据上层次计划来制定。

(2)协调好计划中各种内容的关系。协调好计划中各种内容的关系就要求训练计划中训练目标、任务、内容、方法、手段、比赛、负荷、恢复措施以及管理等各方面的安排要相互协调,以便使训练计划的落实得到保证。

4. 有明确的指导思想

在进行训练计划的总体和设计时,应强调针对性原则,针对运动员的具体情况,如运动员技术、战术、体能、心理、年度状况,以及打法的发展等,并结合专项特点和规律,以及训练的总体目标,确立制订训练计划的总的指导思想。

5. 训练计划有可行性

制订训练计划时必须考虑到所提出的各种指标和要求是否与运动员的情况和各种训练条件的可能性相统一,既不可提出过高要求,也不能过于保守,要根据"弹性控制"的原理,对训练目标、要求留有必要的余地。

6. 以教练员为主,运动员和多学科科研人员参与制订

制订计划必须以教练员为主,由教练员提出计划的总体设想。为了保证训练计划的科学性和实用性,还要对计划提出修改意见并进行咨询。运动员是训练过程的主体,他们参与计划的制订能使计划所提出的各种目标和措施更符合实际,更有利于计划的实施和目标的实现。同时,科研人员参与训练计划的制订是训练科学性的必要保证,也是现代训练的发展方向。

7. 注意训练计划的稳定性与可变性

训练计划的稳定性和可变性是训练计划的另一个重要特性。训练计划是在

综合各方面的因素并进行反复科学的预测推敲和协调的基础上制订的,是训练中所必须对照执行的一个总的训练模式。从总体上看,它应该是基本上符合未来即将进行的训练过程及训练对象的客观实际的,必须尽可能地执行,并保持计划的相对稳定性,不要随意改动。

训练计划是一个未来进行训练过程的理论设计,加上由于人的竞技能力、外部的各种条件,以及影响训练过程的其他各种因素大都是一些可变因素,总会有一些变化。此时,如果仍坚持原计划不变,那么训练的科学性就难以保证。因此,对原计划进行必要的修改和调整是完全必要的,这样做是为保证计划的科学性。根据这个道理,现代训练的发展就非常重视反馈信息,对出现的问题通过对比分析,找出原因,然后对原训练计划与方案进行必要的修改和调整。

三、网球训练计划的制订

（一）多年训练计划的制订

多年训练计划是指对运动员从开始参加训练到达到高度竞技水平,直至停止训练活动这一全过程的整体规划。在制订多年计划时必须确定两个问题,即训练阶段的划分和运动员在全部训练过程中进入各训练阶段的最佳年龄。确定这两点的基本依据是运动专项的特点及本专项最优秀运动员进入各训练阶段和取得优秀成绩的年龄特征。

在制订计划时,还应注意确定身体训练和技术训练的比例、技术训练与战术训练的比例以及运动负荷的变化趋势。其中,对不同情况运动负荷的变化趋势需特别注意,以使训练符合竞技能力形成和发展的客观规律。

（二）年度训练计划的制订

网球运动是一个难以分出赛季或非赛季的运动项目。网球选手,特别是高水平选手,在一年中往往有相当长的时间奔波于国内、国际连续的大赛之间。运动员疲惫的状态很容易导致选手出现病伤。网球运动的这一特点,要求教练员在考虑和安排全年年度训练计划时必须遵循运动员的生理、心理发育规律,必须依照全年各种比赛的安排,将一年的训练划分为若干阶段,以此适应网球运动选手比赛、训练和进行恢复调整的需要。年度训练是组成多年系统训练的基本单位，是各种计划中最重要的计划。年度训练计划需确定周期的划分和大周期中各时期、各阶段的训练要点、解决的问题、主要内容安排。[①]

网球全年训练计划分为四个阶段。这些训练阶段又称之为大周期或训练期。训练阶段有准备阶段、比赛阶段、赛前阶段、过渡阶段。准备阶段可分为一般性准备阶段和专项准备阶段；过渡阶段可分为彻底休息阶段和积极休整阶段。在不同训练阶段中都赋予不同的目的和任务，安排不同的教学训练内容并提出不同的要求。

年度计划可分为由四个训练期组成的一个周期（单周期分阶段法）或由四个训练期组成的两个周期（双周期分阶段法）。当采用双周期分阶段法时，准备阶段、赛前阶段和过渡阶段显然比在单周期分阶段法中的时间短。

(三) 周期训练计划的制订

周期训练计划有两种类型：一种是全年计划过程中的一个有机组成部分，另一种是短期的临时集训。

周期训练计划的构成及负荷特点：一个周期的训练过程，可以看作是若干个周训练过程的组合。在训练过程中，当为完成一个特定的训练任务而制订连续几周的专门阶段训练计划时，每个周期计划都由一组有独立任务的周训练计划所构成，其负荷结构有多种形式。

(四) 月训练计划的制订

月周期一般持续2~6周。根据分阶段训练法，月周期有不同种类的训练计划。

1. 开始期

准备阶段的初期。2周。小负荷（大运动量，小强度）。

2. 准备期

准备阶段的持续时间。2周以上。大运动量，大强度。身体训练和技术训练。

---

① 栾丽霞. 网球运动教学与训练［M］. 武汉：华中科技大学出版社，2021.

3. 赛前期

准备阶段和比赛阶段的技战术加工。2周以上。小运动量，大强度。网球专项训练和练习比赛。

4. 比赛期

比赛阶段。连续不超过 3 周。为每天进行比赛做好技术、战术、身体和心理上的准备。

5. 恢复期

专项准备、比赛和过渡阶段中的恢复。数日至数周，小负荷。参加其他运动项目的活动。

（五）周训练计划的制订

周期训练计划主要是提供有关强度、数量和训练课顺序的详尽信息，它的持续时间最多不超过 7 天，是分阶段训练法的基础。这种小周期有助于在单独的训练课中将精力集中于一个特定的目标，尽管训练课的频率快，它能消除训练的单调。根据分阶段训练法，周期也有不同种类的训练计划。

1. 准备期

准备阶段中，一般性的准备小周期：网球训练 20%，身体训练 80%。专项准备小周期：网球训练 35%，身体训练 50%，综合性训练 15%。

2. 赛前期

赛前阶段中，网球训练 50%，身体训练 30%，练习比赛和正式比赛 20%。

3. 减量期

减量期包括逐步减少赛前准备阶段中的训练量。训练时采用接近实战的练习项目，同时缩短训练课的时间和频率。

4. 比赛期

比赛期最多为 2~3 个连续小周期。训练课的强度与比赛一致，结合轻微的恢复运动。大致的比例是：正式比赛占 70%，网球训练占 15%，身体训练占 15%。

5. 积极性的休整期

当赛事相隔很近时（即少于两周），最好安排 3 天或 4 天的积极性休整作为一个积极休整的小周期。运动员必须跳过准备阶段而直接进入赛前阶段。大致的比例是：练习比赛15%，网球训练40%，身体训练和参加其他体育活动45%。

在强度小的训练课或数天未进行大强度的训练后，应安排大强度的必练的训练项目（即速度、无氧耐力、敏捷性等）。运动员的力量训练应安排在准备阶段的每周的开始或末尾，在比赛阶段，由于心理因素（树立自信），应安排在正式比赛前的最后几天。

（六）日训练计划的制订

教练员应合理地安排一周内每天的训练课。每天的训练计划应与前一天的训练计划具有逻辑上的联系。在经过大强度的训练日以后，最好安排小强度和小运动量的日周期。在正式比赛日以前安排逐渐减量（减少运动量）的日周期以及当运动员经过足够的休息后，在周末以后安排大运动量或大强度的日周期的计划是十分可取的。如果训练的基本目标是从每节训练课获得最大限度的收益，就必须使每天、每节课和每项练习中进行的训练既有负荷量，又有休整；既有强度，又有数量。

教练员为参赛选手安排日周期时可分为一节课的方案和数节课的方案。

1. 一节课的方案

考虑到学校的课程，训练最好安排在上午，因为这时运动员不是很累。训练课中应包括技术训练、战术训练、身体训练和心理训练等内容。运动员最好能在开始训练前做好身体和技术的准备活动。

2. 数节课的方案

数节课的方案用于水平更高的参赛选手或休息日。不要安排一节4小时的量挺大的训练课，而是安排2节或3节短训练课，每节课1.5~2小时。在日训练计划中结合安排身体训练、心理训练、技术训练和战术训练。

（七）训练课计划的制订

教练员必须确定每节课的负荷量以提高运动员的适应力。安排不同的训练课的顺序也是很重要的。因为训练课的安排顺序不同，所得到的结果可能不同。

在一般性的准备阶段，教练员可考虑在技术训练课前进行身体训练，因为身体训练是这一阶段最重要的目标。在专项准备阶段，技术训练课可置于战术和身体训练课之前。在赛前阶段，战术训练课可安排在技术训练课之前。在大运动量日以后，不可安排速度、爆发力或最大力量训练课。在技术、速度、柔软性或最大力量训练课前不可安排速度耐力、有氧耐力或力量耐力训练课。[1]

第四节　青少年网球运动员的选材

一、网球选材模型

网球选材模型一般有两种，即自然选材成绩模型和科学模型。

1. 自然选材/成绩模型

自然选材/成绩模型的筛选流程：运动员接触网球运动→不断训练→逐渐掌握各项技能→逐渐参加更高水平的比赛→成为职业运动员。[2]

2. 科学模型

科学模型主要是指借助一些科学指标测试进行。对于科学模型来说，目前主要集中在人类学、生理学、心理学领域。

从实践来看，这两种方法有时候存在着相悖的地方。而从现在的研究和实践来看，最好的方法就是两种融合。

3. 两种选材模型的优缺点

（1）优点：

1）一般来说，网球选材模型可以更好地为有天赋的运动员提供机会，在有限的时间内发挥更大的潜能，增强他们参与网球运动的积极性和自信心。

---

[1] 张守冬. 青少年网球运动训练体系构建研究［M］. 长春：吉林大学出版社，2020.
[2] 李方江. 青少年网球运动快速入门［M］. 北京：光明日报出版社，2014.

2）对于自然选材模型来说，目标人群为现有参与网球运动的运动员，早期就强调"取胜精神"。在这一模型中，教练员起着主导的作用，运动员的成绩是一个重要的参考指标

3）对于科学模型来说，主要依赖于科学的网球测试结果，具有一定的信度和效度，能够帮助我们更快地发现有天赋的运动员。

（2）缺点：

1）一般来说，网球选材模型存在着几个问题，即天才运动员的身体素质、社会和情感状况是否适合教练员的训练计划等。

2）对于自然选材模型来说，需要具备一定的巧合。因此，选材可能会错过最佳的发展时期。

3）对于科学模型来说，很难考虑到突发因素以及一些社会因素。

4）研究表明，个人特征和环境状况通常交织在一起，影响运动员的发展。另外，在年龄小的时候表现出来的天赋，有时候不能延续到职业时期。

二、网球选材的主要内容

1. 生理因素

生理因素包括身高、体重、臂长、体型和其他人体测量/生物测量指标。

2. 身体素质

考虑到网球运动的复杂性，单一身体素质的预测作用有限。但是，应该注意到指标具有一定的负向选择性。例如，在某一年龄范围内，肌肉运动能力差的青少年相对不适合进行大强度训练和比赛。另外，在两名运动员之间做出选择时，身体素质好的运动员往往更有竞争力。

建议对青少年运动员进行全面身体素质测试中应包括跑、跳、抛接、协调性、网球专项速度、灵敏性、爆发力、灵活性、耐力等。鉴于灵活性在网球运动中的重要作用，对该项素质的评价应该运用多种不同形式的测试方法来进行全面评估。

3. 心理因素

打好网球最重要的心理特征是攻击性，攻击性可以激发运动员对比赛胜利

的渴望和强烈的内在动机,具有这一心理特征的运动员会争取每一次参加比赛和练习新技术的机会。另外,对青少年来说,面对失败的态度、注意力集中及良好的意志品质也非常重要。教练员应在运动员很小的时候就发现他们的某些心理特征。[1]

同时还应关注并对青少年运动员道德标准、训练质量、愉快程度、心情平静程度、注意力集中能力进行评估。

4. 技术/战术因素

技术/战术方面的选材很可能是最重要的,也是网球教练所掌握的最成熟的评估体系。评估时要注重以下四个方面:

(1)在具备控制球和拍子的平均水平基础上,应全面学习专项技术。12岁左右时,应该能掌握基本的击球技术。例如,发球、正手击球、反手击球、网前截击和高压。

(2)青少年运动员应逐渐具备良好的移动能力,以及能根据场上出现的不同情况进行自我调节的适应能力。

(3)青少年运动员能够正确分析场上的战术形势,并且不因得分、失分而影响做出正确决定的能力。

(4)运动员快速学习新技术的能力,也是技术、战术选材的指标之一。

5. 成绩因素

运动员在青少年时期能够取得好成绩,但不一定始终保持这个进步的速度,相反,有许多运动员在青少年时期并不出众,但是他们在职业比赛中却往往表现非凡。例如,网球名将皮特·桑普拉斯从未赢得过美国任何青少年主要赛事的冠军,但没人怀疑他是一个非常有天赋的运动员。

6. 其他重要因素

选材的某些方面被视为不确定因素,主要指不能被归入生理、身体素质、心理或技术、战术等方面的因素,如临场发挥、好的球感、可训练性、对不同环境适应能力、喜爱这项运动、抗压能力、喜欢比赛或有很好的预判或场

---

[1] 石磊. 青少年体育素质教育——网球[M]. 北京:中国戏剧出版社,2008.

地感。

三、不同训练阶段的选材测试方法

网球运动员的选材阶段是按照年龄来进行划分的，并且对不同年龄阶段的网球运动员有不同的标准和要求。其主要测试方法如表2-1所示。

表2-1　不同发展阶段选材的主要测试方法

阶段（大概年龄）	期望信息	主要测试
运动基础选材开始训练（5~7岁）	是否应该鼓励他们从事网球运动	基本素质训练测试（20米冲刺、折返跑、跳远、网球接抛球）；行为表现（智商和竞争力等）
基本网球选材参与短式网球选材后（9~10岁）	是否具备成为网球运动员的机会	基本素质测试、网球专项技能（技战术水平）、心理素质（成功动机、脾气、情绪稳定性、智商）
专业网球选材青春期前（女孩：11~12岁；男孩：12~13岁）	是否具备成为职业网球运动员的机会	技战术专项测试、心理和身体素质、个人行为和社会状况
职业选材青春期后（女孩：15~16岁；男孩：16~17岁）	是否有机会成为职业网坛前200位运动员	技战术专项测试、心理和身体素质、个人行为和社会状况

第三章 网球运动的基本技术训练

第一节 握拍和步法的科学训练

一、网球基本握拍法

握拍是所有击球的基础,它主宰着击球时的拍面角度、击球点及控制、深度和力量等最重要的击球品质。基本的握拍方法大概有东方式握拍法、西方式握拍法、大陆式握拍法、双手握拍法等。

选择采用何种握拍法,关键是看何种握拍法最适合你发挥击球力量及掌握平衡。因此,我们在选择握拍法时,应充分认识到:握拍虽然有许多不同的方式,但是我们应该更多地注重击球的效果,而不是击球动作的外观。为了便于学习和叙述,我们在球拍的拍柄上人为地给它画几条线,也就是说,使拍面平行于地面。[1]

(一)东方式握拍法

东方式握拍法最早在美国东海岸一带流行,因而取名为东方式。它开始是

---

[1] 张洁,刘军毅,李忠堂. 网球运动技战术科学训练方法[M]. 长春:东北师范大学出版社,2011.

在沙土球场上使用,后来在各种不同的场地上使用也取得了较好的效果,因而被广泛地采用。东方式握拍法分为正手握拍与反手握拍两种。

1. 东方式正手握拍法

先使拍面与地面垂直,右手如同与拍柄握手一样,使虎口正对拍柄右上侧棱,拇指环绕球拍柄至与中指接触,食指应向上一些与中指分开,无名指和小指紧握拍柄,如图3-1所示。

图 3-1　东方式正手握拍法[①]

初学者可采用一种简单的方式进行此种握拍。

2. 东方式反手握拍法

在正手握拍的基础上,左手向顺时针方向转动球拍,使右手虎口对准拍柄左上侧棱,拇指一般贴在左垂直面上,拇指稍弯曲贴住左下斜面。部分优秀选手在上网截击或击高的反手地面球时,灵活地使拇指伸直与左垂直面贴紧,这样可以做到加强拦截的力量,如图3-2所示。

---

① 李东祁,张清雷,史明. 网球运动技战术训练与发展研究 [M]. 北京:九州出版社,2018.

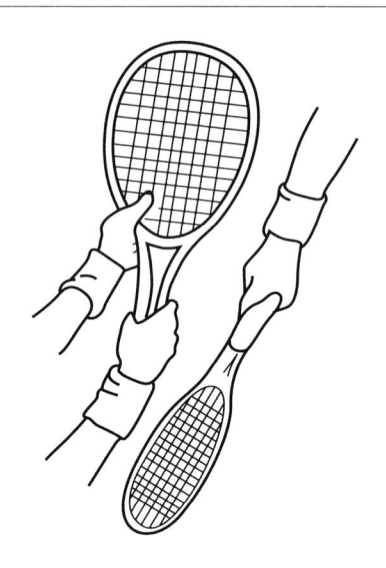

图3-2 东方式反手握拍法[①]

东方式握拍法适宜底线正、反手击球。对各种高度的来球及各种旋转球的打法具有广泛的适应性。东方式反手握拍多为单手反手选手使用，用东方式反手握拍进行发球和网前截击球时不用再转换握拍，但反拍击球时需要调整握拍法。比赛中运用东方式握拍法，当球打到身体的一侧必须变换握拍法去迎击球。注意变换球拍开始于准备姿势，用左手扶着球拍颈部，在球拍向后摆动的准备过程中完成握拍法的调整。

（二）西方式握拍法

1. 西方式单手握拍法

如图3-3所示，拍面与地面平行，用手从拍上面抓住拍柄，手掌根贴在拍柄右下斜面，拇指和食指都不前伸，拇指压在拍柄上部小平面上，食指下关节握住拍柄的右下斜面。

[①] 李东祁，张清雷，史明. 网球运动技战术训练与发展研究［M］. 北京：九州出版社，2018.

图 3-3 西方式单手握拍法

2. 西方式双手握拍法

西方式反手握拍法即正手握拍后，把球拍上下颠倒过来，用同一拍面击球。在硬地网球中，用这种握拍法打反手低球很不方便，因此很少有人使用。

3. 半西方式握拍法

半西方式握拍法介于东方式和西方式握拍法之间，其把"V"字形虎口对准拍柄右上斜面与右垂直面交界线上，拇指伸直压住拍柄上平面，食指下关节握住右上斜面。

西方式握拍法有利于抽击出强有力的上旋球，特别适合打腰部和腰部以上的来球。但是对截击球和低球，正、反拍都不好处理。特别是反手近网球，极不方便。

（三）大陆式握拍法

大陆式握拍法如图 3-4 所示，"V"字形虎口对准拍柄上平面与左上斜面的交界线上，手掌根部贴住上平面，拇指伸直围住拍柄，食指下关节紧贴在右上斜面上。其特点是握拍简单、灵活，手非常有力，处理齐腰高的球也方便，适合于臂力、腕力都较强的人。但这种握拍法对反弹较高的球比较难打，因此打高球不太方便。[①]

图 3-4 大陆式握拍法

---

① 杨三军，赵伟科. 高校网球教学与训练指导研究 [M]. 长春：吉林大学出版社，2014.

（四）双手握拍法

1. 双手正手握拍法

右手是东方式正手握拍法，握在拍柄的上方，左手是东方式反手握拍法，握在拍柄的下方，双手靠拢紧握球拍。击球后，右手换握到拍柄下方，左手扶拍颈进入下一击球的准备姿势。其缺点是上下换握手很麻烦，所以这种握法几乎没有人使用。

2. 双手反手握拍法

右手是东方式反手握拍法，即"V"形虎口对准拍柄的第一条线，握在拍柄的下端，左手为东方式正手握拍法，即"V"形虎口对准拍柄的第二条线，握在右手的上方，双手靠拢紧握球拍。

二、网球的步法

（一）正手击球的步法特点

1. 东方式正手击球

要充分利用身体重心的前后移动来打球，因此一定要保持向前迈步击球的步法。一般常采用关闭式步法，侧身迎接来球。击球前重心在后脚，击球时重心移至前脚。

2. 西方式正手击球

因为主要用转肩的力量来提拉上旋球，所以击球时重心落在后脚上，常采用开发式步法击球。

（二）反手击球的步法特点

1. 单手反拍击球

单手反拍击球时，右脚要跨过左脚，保持背对来球，击球时重心在前脚。

2. 双手反拍击球

双手反拍击球，基本有两种站姿：一种是侧对来球站立，另一种是双脚对球网开放式站立。

（三）发球的步法特点

发球时，不论是在右区还是在左区发球，都要保持右脚的脚尖指向右网柱，并且两脚尖的连线指向相应的发球区。开始挥拍前，重心在前脚，然后随向下向后的挥拍而同时将重心后移，再随着上举球拍向前蹬腿，利用重心前后移动的力量来增加发球速度。另一种是后脚靠近前脚的发球步法。随着上举球拍的结束，准备向上击球之前，让后脚靠近前脚，平稳地向前移动重心，保持双脚同时向上发力击球。

（四）截击球的步法特点

正手截击球，针对三种不同情况的来球，有三种步法：第一，恰好在正手击球位置的来球，同正手击球步法一样，向前跨出左脚，侧对来球迎击；第二，稍远离身体的来球，采用左脚跨过右脚的步法击球；第三，直接奔向身体的来球，要迅速后撤右脚，再顶住右脚用重心前移来挡击球。反手截击球步法与正手截击球步法相同，只是左右脚相反运动即可。

（五）高压球的步法特点

高压球时一定要保持侧对来球，右脚与底线平行，左脚尖稍指向右网柱。常用的高压球步法有两种：一种是向后侧滑步法，另一种是侧后交叉移动步法。

（六）场上击球前的移动步法特点

在比赛中，很少有球直接送到你的身边，让你不用调整步法即可击球。大多数情况下，需要你不断地移动，迅速站稳，等待击球。因此场上的移动步法也是非常重要的，除了一般的跑动外，常见的还有滑步步法和左右交叉步法。

1. 滑步步法

滑步步法常用于前后移动不太远的正反手击球。这里，请注意一点，滑步的同时，应提前引拍，最好做到保持向后引拍的姿势移动。具体的步法要点是：向前移动时，蹬出右脚的同时，向前跨出左脚，连续向前即形成前滑步步法；向后移动时，左脚后蹬的同时，向后迈出右脚，连续形成后滑步步法。

2. 左右交叉步法

左右交叉步法常用在两侧边线附近的来球。向右移动时，向右转体，左脚先向右前方跨出，交叉于右脚外侧前方，再跨出右脚；继续跨出左脚于右脚外侧，反复向右交叉移动，就是右交叉步法。向左移动，方法与向右移动相同，左右脚方向相反，就是左交叉步法。

第二节 正反手击球技术的科学训练

一、正手击球技术

(一) 正手击球技术的基本知识

正手击球是网球运动中最主要的击球方法之一，也是最基本、最可靠的进攻性得分手段，正手击球是网球爱好者必须学习和掌握好的一项基本技术。有了正手击球的稳定性，才算是掌握了打好网球的基础。强大的正手击球是回击对方来球最有效的击球手段。网球运动中，正手击球的机会很多，并且击球有力，球速较快，比赛中常常通过正手击球打出的线路及球速来控制对手，占据场上主动，达到得分的目的。

正手击球技术可分为传统正手击球和现代正手击球两种。传统正手击球是指运用关闭式步法，采用东方式正手握拍的一种击球方法。现代正手击球则是运用开放式步法或半开放式步法，采用西方式或半西方式握拍的一种击球方法。20世纪80年代以前，传统正手几乎是击球方式的唯一选择，影响了几代网球选手。传统正手击球因其动作规范、击球准确，而被大家广泛采用。

现代正手击球因其握拍技术的独特性、击球线路的合理性，并能产生强烈的上旋，已成为当今网坛进攻型选手的必备武器。其开放式和半开放式的步法，更能充分发挥现代网球运动员身体素质好的优势，同时使用西方式和半西方式握拍方法能击出更加强烈的上旋球，使正手击球的攻击性大大增强，被现代许多优秀选手所采用。[①]

(二) 传统正手击球技术的动作要领

1. 握拍

采用东方式正手或大陆式握拍。

---

① 杨三军，赵伟科.高校网球教学与训练指导研究 [M].长春：吉林大学出版社，2014.

2. 准备姿势

面对球网，两脚左右开立，略比肩宽；双膝微屈，上体微微前倾，重心落在两腿之间；右手握拍，左手轻扶拍颈；拍头略高于手腕，拍面垂直于地面并指向前方。

3. 后摆引拍

采用关闭式步法。判断来球方向，做引拍动作，转体的同时带动拍子后引，做弧形后摆动作。右脚转动基本与底线平行，左脚向前方45°角迈步，此时身体重心位于右脚，两肩膀的连线垂直于球网，两眼紧盯来球。

4. 挥拍击球

看准来球，找准击球位置，击球点在左脚的右侧前方，球拍由后向前挥出，球拍触球时，继续前送，此时膝关节仍然保持弯曲，最佳的击球高度保持在腰部或更低，击球时的瞬间身体仍保持不动，身体重心移至左脚。

5. 随挥动作

击球后，球拍继续向前挥动，直至球拍于左肩膀上方结束。此时，拍头向上，拍柄底部向下。身体由原来的侧对球网改为面对球网，随挥完成后，随即恢复到准备姿势。

（三）现代正手击球技术的动作要领

1. 握拍

采用西方式或半西方式握拍法。

2. 准备姿势

和传统正手击球的准备姿势相同：面对球网，两脚左右开立略比肩宽；双膝微屈，上体微微前倾，重心落在两腿之间；右手握拍，左手轻扶拍颈；拍头略高于手腕，拍面垂直于地面并指向前方。

3. 后摆引拍

采用开放式步法。当球离开对方的球拍时，立即转髋带肩，向后引拍，动作幅度较小，双腿几乎与底线平行，此时，身体的重心落在右脚上。左臂抬起，跟随右臂移动，此时，两只手臂像是被手铐铐住一样，同时移动，以保证能充分转肩，为击球做好准备。

4. 挥拍击球

击球点在右脚的侧前方,高度比传统正手击球要高,通常在腰以上和肩部以下的位置。击球时,拍头通过击球点时向前、向上加速。此时,双腿进行"爆破式"发力。

5. 随挥动作

现代正手的挥拍过程,由于充分利用了肩、肘、手腕的柔韧性和灵活性,球拍击球后还要顺势向上、向前、向后继续挥拍,保持环状挥拍的连贯性和完整性。随挥结束后,球拍应挥至颈后,肘部高于传统正拍。

(四)传统正手击球技术与现代正手击球技术的区别

传统正手击球技术与现代正手击球技术有以下六种区别:

(1)握拍不同。传统正手击球技术采用大陆式或东方式正手握拍的方法,而现代正手击球技术采用西方式或半西方式握拍的方法。

(2)步法不同。传统正手击球采用关闭式步法;而现代正手击球采用开放式步法。

(3)发力方式不同。传统正手击球前身体重心在后脚,击球时重心向前移动到左脚;而现代正手击球前身体重心在右脚,击球时双脚同时做爆破式发力,身体重心向前侧转动。

(4)击球点不同。传统正手击球点在左脚侧前方,高度在腰部或腰部以下;而现代正手击球点在右脚侧前方,击球高度在腰部以上、肩部以下。

(5)挥拍路线不同。传统正手挥拍由后向前直线挥动较多;现代正手向侧前方横向挥动较多。

(6)随挥结束动作不同。传统正手随挥结束后,球拍挥至左肩,拍柄底部指向地面,拍头向上,身体也由挥拍击球时的侧对球网转为正对球网;现代正手随挥结束后,球拍挥至颈后,肘部的位置略高于传统正手击球。

(五)正手击球的种类

正手击球可根据击球方式的不同,分为平击球、上旋球和下旋球三种。

1. 平击球

平击球是指当拍面与球接触时,拍面垂直于地面,击球的挥拍路线及球的飞行路线也相对比较平直，击出的球几乎没有任何旋转。此种球的特点如下：球落地前冲快速有力，反弹弧线较低。传统正手因其握拍方式的要求，比较容易能打出平击球。

2. 上旋球

上旋球是指球拍接触球时，球拍的拍面向下较多，击打球的后中部或中下部，挥拍路线自下向上、从右向左较多，因此使球产生了向上的旋转。现代正手因其握拍的特殊要求，很容易打出上旋球。这种球的特点包括：球飞行的弧度较大，弧线高，下降快，落地后前冲力强，反弹弧线高，同时击球的安全性高，不易失误。当今世界网坛许多优秀选手在比赛中常利用上旋球的这些特点，制造机会，掌握主动。

3. 下旋球

下旋球是指球拍与球接触时，球拍的拍面向上较多，击打球的中上部，使球产生向下的旋转。这种球也统称为切削球，是球员从初级晋级中级时必须掌握的一项技术，使用传统正手的大陆式握拍或东方式正手握拍都可以打出强烈的下旋球。

下旋球又分为正手下旋球和反手下旋球。正手下旋球在比赛中使用较少，用于接发球和防守。反手下旋球（反手切削球）则在比赛中使用较多，已成为现代网球运动的一种有力的武器，可以用于防守和组织进攻。它的击球要领是：当球离开对方球拍飞向自己的反手时，如果准备用反手切削球，那么应提前做准备，在球弹起后的上升期击球，后摆幅度根据来球的情况而定，如情况允许，应尽可能做到引拍幅度大些，拍头高于手腕与头齐平，拍面略开，由后上方、前下方挥出，击球时，拍面几乎与地面垂直，同时身体重心随挥拍动作一起向前。

二、反手击球技术

（一）反手击球技术的基础知识

反手击球技术是指在底线附近，回击对方击到持拍手另一侧来球的技术。反手击球技术包括反手平抽球技术、反手上旋球技术、反手切削球技术和双手反拍技术四种。一方面，网球初学者几乎都是从正手开始学习网球的，正拍的拉拍动作既方便又容易，身体向同侧转动已成习惯，所以一般情况下，反手技术比正手要差。另一方面，由于反手击球力量相对较小，比赛中会被对手作为弱点来进攻，但事实上，在学好正拍的基础上，反拍击球动作往往更容易完成，所以初学者一定要能够熟练掌握这项技术，网球水平才能更上一个层次。

（二）反手平抽球技术

反手平抽球是指在持拍手另一侧击打落地球的技术，它和正手平抽球一样，都是网球基本技术中最常用的击球方法。反手平抽球的特点是：用同样的力量击球，这种球的球速最快，球的飞行路线最平直，球落地后反弹弧线低，且前冲力较大，但这种球的失误率较高，尤其在移动中打平抽球，很难控制球的准确性，打出的球容易下网或出界。

1. 握拍

采用东方式反手或大陆式握拍方法。

2. 准备姿势

面对球网，两脚左右开立，略比肩宽；双膝微屈，上体微微前倾，重心落在两腿之间；右手握拍，左手轻扶拍颈；拍头略高于手腕，拍面垂直于地面并指向前方。

3. 后摆引拍

当球离开对方的球拍，判断要用反拍击球时，要立即向非持拍手的另一侧转体、转肩，持拍手同侧的脚同时向另一侧前方跨步，非持拍手轻扶拍颈，帮助持拍手调整拍面角度，并帮助持拍手把球拍拉向非持拍手一侧后方，仿佛把球拍抱在怀里，此时拍柄的底部对准来球，双膝弯曲，身体重心落在后面的这只脚上。

4. 前挥

后脚蹬地，转髋带肩，同时带动手臂，由后向前挥动，左臂同时后移，身体重心开始前移。反手击球的前挥和正手击球的前挥有很大的区别，正手是向心运动，而反手则是离心运动。

5. 挥拍击球

在身体重心前移的带动下，加大转髋的幅度，手臂在肩的带动下，随之由后向前几乎直线挥出，击球的后中部，持拍手腕固定，在脚前45°左右腰部高度击球，拍面几乎与地面垂直。

6. 随挥动作

反手击球后，应继续做完随挥动作，应随着挥拍的惯性继续向前上方送出，此时两只手臂已是完全打开。动作结束后，随即恢复到准备姿势。

（三）反手上旋球技术

1. 握拍

采用东方式反手握拍或西方式握拍。

2. 准备姿势

两脚开立与肩同宽（或比肩稍宽），站于底线后，两脚稍呈内八字；重心落在前脚掌；膝关节保持微微弯曲，并稍内收；上体微微前倾，含胸，收肩，保持一定的紧张度；双手自然持拍于体前，非持拍手以拇指、食指、中指轻扶拍颈，辅助持拍手保持放松状态；头部保持正直，视线平视对方。整个身体状态蓄势待发，随时准备启动。

3. 后摆引拍

当球离开对方的球拍，判断要用反拍击球时，要立即向非持拍手的另一侧转体、转肩，持拍手同侧的脚，同时向来球方向前跨半步至一步，非持拍手轻扶拍颈，帮助持拍手调整拍面角度，并帮助持拍手把球拍拉向非持拍手一侧的后方，拍头上翘，非持拍手臂抬起并保持其高度，基本与肩齐平，持拍手臂保持适度的弯曲，双眼注视来球，双膝弯曲，身体重心落在后脚上。

4. 前挥

后脚蹬地，转髋带肩，同时带动手臂，由后向前挥动，左臂同时后移，身体重心开始前移。反手击球的前挥和正手击球的前挥有很大的区别，正手是向心运动，而反手则是离心运动。

5. 挥拍击球

在身体重心前移的带动下，向前挥拍主动去迎击球，击球点在持拍手同侧脚的侧前方，击球的部位是球的后中偏下部位。击球前，拍头略低于来球，挥拍路线是从后下方向前上方加速挥出。击球的瞬间，手腕绷紧，拍弦由下至上擦击来球,使球产生强烈的上旋。

6. 随挥动作

反手击球后,应继续做完随挥动作,应随着挥拍的惯性继续向前上方送出,身体转向球网,此时两只手臂已是完全打开。动作结束后,随即恢复到准备姿势。

(四) 双手反拍技术

双手握拍,由于击球力量大,稳定性好,流行于当今的网坛。由于用两只手握拍,大大增加了腕力,克服了手腕晃动的弊病,提高了击球的准确性,同时对对手的来球也可以进行有力的回击。

1. 握拍

双手反拍击球的握拍方法是:右手在下,用东方式反手(或大陆式)握拍,左手在上,用东方式正手(或半西方式)握拍。

2. 准备姿势

两脚左右开立,与肩同宽(或比肩稍宽),站于底线后,两脚稍成内八字;重心落在前脚掌;膝关节保持微微弯曲,并稍内收;上体微微前倾,含胸,收肩,保持一定的紧张度;双手自然持拍于体前,非持拍手以拇指、食指、中指轻扶拍颈,辅助持拍手保持放松状态;头部保持正直,视线平视对方。整个身体状态蓄势待发,随时准备启动。

3. 后摆引拍

当球离开对方的球拍时,一旦判断来球并决定用双手击球,就应该立即转肩带动手臂和球拍向后摆,身体侧对来球,双臂紧靠身体,拍柄底部对准来球,此时身体重心由双脚之间移向左脚,同时右脚向左前方45°迈出,两脚之间的距离略比肩宽。

4. 挥拍击球

当球进入击球区域时,双脚蹬地,转髋带肩、手臂及球拍向前挥动,击球点应在右脚侧前方腰部高度。前挥动作要求平滑连贯,拍头稍微低于击球点。击球时,身体重心前移,眼睛紧盯来球,击打球的后下部,球拍由后下往前上挥动,击球时拍面几乎与地面垂直。

5. 随挥动作

击球后，球拍沿击球方向前上方继续挥出，身体重心移至右脚，结束时球拍应挥至脑后。

（五）反手下旋球（反手切削球）技术

网球爱好者要想打好网球，反手切削球是一项必须熟练掌握的技术，这是因为反手切削球适应范围较广，且常常令对手防不胜防。和上旋球相比，反手切削球打出的球的旋转是反向的。所以，球落地后有一种弹不起来的黏滞感，在红土场上这一点尤为突出，这也是红土场上放小球屡屡得手的原因。我们在学习反手切削球的技术之前，必须了解反手切削球的几个特点：首先，反手切削球容易控制球；其次，反手切削球多用于防守（有时也用于进攻）；再次，可以使击球富有节奏变化；最后，反手切削球可以在自己被动时为自己争取回位的时间。

1. 反手切削球的技术要领

（1）握拍。大陆式握拍或东方式反手握拍。

（2）准备姿势。两脚左右开立，与肩同宽（或比肩稍宽），站于底线后，两脚稍呈内八字；重心落在前脚掌；膝关节保持微微弯曲，并稍内收；上体微微前倾，含胸，收肩，保持一定的紧张度；双手自然持拍于体前，非持拍手以拇指、食指、中指轻扶拍颈，辅助持拍手保持放松状态；头部保持正直，视线平视对方。整个身体状态蓄势待发，随时准备启动。

（3）后摆引拍。当球离开对方的球拍，判断要用反拍击球时，要立即向非持拍手的一侧转体、转肩，带动手臂转动，使背部对准来球；持拍手同侧的脚，同时向来球方向前跨半步至一步；非持拍手轻扶拍颈，帮助持拍手调整拍面角度，保持拍面微微打开，拍头上翘，持拍手臂靠近肩部并保持适度的弯曲；双眼注视来球，双膝弯曲，身体重心落在后面的脚上。

（4）挥拍击球。双脚蹬地，髋向前顶，整个身体重心前移，肩关节不能打开过早，同时持拍手臂由后上方向前下方挥出，左手向后上方移动，击球的后下部，击球时手腕保持紧张，拍面保持固定，击球点尽量保持在持拍手一侧脚尖的前方，眼睛紧盯来球，双肩基本保持水平。

（5）随挥动作。击球后，身体重心继续前移，手臂、球拍继续向前。切削球的随挥应体现简捷、短促的特点，随挥的路线越短越好，这样更有利于及时收拍，减少小臂和手腕的甩动或翻转，有利于控制球的线路。

2. 常见错误及纠正方法

（1）引拍时拍头过低的纠正方法。

1）练习者练习的时候，眼睛跟随引拍动作，检查引拍情况，拍头应高于肩膀；

2）练习的时候强调非持拍手一定要高于持拍手；

3）击球时，要求球拍稍稍后仰，并由后上方向前下方挥拍。

（2）击球后随挥幅度不够的纠正方法。

1）练习者在镜子前反复做正确的击球后的随挥动作；

2）在随挥结束的位置设置标志物，先挥空拍练习，要求随挥触及标志物，然后自抛自击，随挥时同样要触及标志物；

3）要求击球完成后，身体打开，面对球网。

（3）引拍距离短，击球无力的纠正方法。

1）要求练习者用非持拍手主动帮助持拍手向后引拍；

2）引拍结束时，主动用持拍手一侧的肩膀去顶住下颚；

3）持拍手臂努力后伸，同时大臂贴住上体。

（4）击球时拍面转动，一碰即飞的纠正方法。

1）击球时用力抓紧拍柄，手腕固定；

2）找准击球点，用拍子的"甜点"击球；

3）击球后球拍跟进送出，加大随挥力度，增强控球能力。

（5）削球太"薄"，球过浅的纠正方法。

1）眼睛盯住来球，击球的后中部或后下部；

2）击球时的拍面不能太开，应是几乎与地面垂直；

3）调整握拍。

第三节 接发球技术的科学训练

一、发球技术

网球比赛是从发球开始的,发球是网球技术中最重要的技术之一,是唯一由自己掌握而不受对方干扰的击球法。发球在现代网球运动中是鉴别、评价技术水平的最重要的指标之一,是取得竞赛胜利的主要得分手段。所以,必须掌握良好的发球技术。

发球质量的好坏取决于以下三个指标:一是速度,就是以较快的速度压制对方的有力还击,使对方的回球变得无威胁,甚至使对方直接失误,比赛中经常出现的 ACE 球的重要原因就是速度;二是落点,落点之所以重要,是因为它专门打在对方的最弱处,而避开了其长处,使对方无论如何也打不出理想的攻击性的球,甚至造成对方失误;三是旋转球,这种球速度不快,落点不刁,但由于它落地弹起后改变方向或弹跳又低又短,直接造成对手击球不准,给对手在接发球上制造了麻烦,给发球者提供了进攻的机会。在发球中能掌握好这三者之一,就不至于被动挨打,如掌握其三者之二就可称为良好的发球。要掌握好发球的这三个要素,首先要掌握正确的发球技术的动作要领。[1]

(一)发球技术的动作要领

1. 握拍

采用大陆式或东方式反手握拍方法。

2. 准备姿势与站位

两脚开立比肩稍宽,全身放松,侧对球网站在底线后,左脚与底线约呈 45°,脚尖指向右侧网柱,右脚基本与底线平行,重心落在左脚上,左手持球

---

[1] 张永垛,刘积德,段立军. 网球运动发展理论研究与学练实践[M]. 北京:中国时代经济出版社,2014.

拍在前腰部，拍头指向前方，精神集中。

单打发球的站位，右区站在底线后中点的右侧，这里距发球区最近，发球后便于保护全场，左（前）脚距底线约5厘米，左脚与底线呈45°角，两脚距离约同肩宽，右脚几乎与底线平行，两脚的连线对着发球区，左手持球并轻托拍颈在腰部，侧身对网，拍面垂直于地面，拍头自然指向前方，身体重心在前脚掌上，身体放松，呼吸均匀，精神集中。左区发球的站位在底线后中点的左侧约50厘米处，左脚与底线的交角略小于45°，两脚的连线对着发球区，因为是从底线的左后方向右前方发球，整个身体和站位的角度都需要向右转。

双打发球的站位与单打不同，一般都站在中点与边线的中间，这样使发球后迅速移动到有利的击球位置的路线最近，容易保护自己的半场。

3. 抛球

准备动作稳定下来以后，顺势就是抛球及挥拍击球。这两个环节能否配合得好是能否发好球的关键，而抛球的质量则又是关键中的关键。位置得当、出手平稳的抛球无疑为挥拍击球创造了稳定的条件，反之则无疑给下面的一系列动作制造了一个不稳定的外部环境。在飘忽不定的抛球下，要发出好的球是根本不可能的，初学者更是如此，所以学发球的第一步是先学抛球，并要抛好球。

（1）抛球的方法。在准备动作的基础上，持球手的肘部渐渐地伸直并向下靠近持球手的同侧大腿，然后从腿侧自下向上将球抛起。在整个动作过程中，手臂保持伸直的状态，其走势与地面垂直，掌心向上，以拇指、食指、中指三指将球平稳托起，尽量避免勾指、抛手腕等多余的手部小动作，以免影响球的平稳走势，球在空中的旋转越少越好。球脱手的最佳点在手掌走势的最高点，脱手过早容易造成球在空中旋转或晃动，出手过晚则会使球抛向脑后失去控制。脱手时托球的手指以最大限度展开，球不是被"扔"到空中而是被"抛送"到空中的，学习者应该仔细体会。

（2）球脱手后在空中的位置。根据不同的需要，球出手后在空中相对于身体的前后位置也不尽相同。一般来说，第一发球强调速度与攻击力，击球点较靠前，因此球也抛得较靠前；第二发球较为保守，在保持成功率的前提下强调球的旋转和控制球的落点，击球点也就相应后移，因此球自然抛得靠后一些，基本上与背弓姿势身体的纵轴线相一致。

抛球的位置也可参照球落地后相对于前脚的位置来确定。一般来说，第一发球抛球后球应落于前脚前一个拍头的位置上。

（3）抛球的高度。球被抛在空中究竟多高才算合适，要因人而异，抛球的高度也限制了挥拍击球所用的时间。从准备姿势到抛球出手，身体重心还有一个后靠至后脚再前移至前脚的过程，同时髋部前顶，腰呈背弓状，然后反弹背弓并发力挥拍击球。初学网球的人总是要面临抛球的问题，这没关系，只要"再抛一次"，这个问题就解决了。因为抛球稳定是建立在多次抛球的基础上的，许多著名球星在比赛之前也经常练习抛球，有的甚至在宾馆的床上就开始练习抛球，何况广大的网球爱好者呢？所以，也应该拿出一些时间专门练习抛球。另外，抛球时，眼睛盯球也是十分重要的，这一点请大家千万切记。

（4）抛球的位置。比赛中，平击发球因为速度快，在一发中常被采用。抛球位置应在头部右前上方，在高点击打球的后上部，直线击出。侧旋发球易于控制，更适用于二发和发内角球，抛球的位置比平击发球靠外。上旋发球落地后会高高地弹起并前冲，对手不容易接发球抢攻，故高水平的选手多在二发中采用。它的抛球位置在头顶靠后，即球抛在背弓时人的头顶上。

4. 后摆及挥拍击球

（1）后摆引拍。这个动作与抛球是同时进行的，开始抛球时，身体向持拍手一侧转体，同时持拍手引导球拍贴近身体像钟摆一样将球拍摆至体后。

（2）背弓动作。球拍后摆至一定高度后（此高度因个人习惯而定），以肘为轴，小臂、手、拍头依次向体后、背部下吊，同时屈双膝并伴随身体后展呈弓状。

（3）准备击球。身体后展呈弓状的同时，持拍手中的拍子下吊到背后，拍头朝下，好像在用拍头给后背搔痒，所以被称为"搔背动作"，其目的是使持拍手能有一个足够灵活的摆动提速的过程，为到达击球点的一瞬间力的爆发做充分的准备。

（4）击球。在屈膝、背弓动作的基础上，自下而上依次蹬直踝部、膝部，反弹背弓并向出球方向转体，与此同时，仍以肘为轴带动手、拍头摆向击球点，最后在力的爆发点上击中抛送于空中的球。发力是自下而上一气呵成的，其速度的快慢由自己掌握，习惯和素质不同击出的球速也就不一样，但有一点是相同的，球拍击球时应是球拍速度最快、最具爆发力的那一瞬间。这时需要强调的是，此时左臂的位置是弯曲紧靠身体的，这样会更有利于提高击球的速度。

（5）球拍击球点的位置。球员手持球拍在空中所能争取到的最高一点就是击点。弓背积蓄力量及蹬地、发力示意是一个比较理想化的说法，因为根据第一发球和第二发球的不同需要以及发球性质的不同，击球点的位置也不同，在球拍接触球的过程中，要注意体会拍面向上—向前—向下三个运动过程。

5. 随挥

击中球时虽然挥拍击球动作已完成，但是整个发球过程却仍在继续。到达击球点后球员应顺着身体及挥拍的惯性做收腹、转肩和收拍的动作，最终拍子由大臂带动收向持拍手的异侧体侧结束发球动作。这一动作称为随挥。

（二）发球的种类

发球基本分为三种：平击发球、切削发球、旋转发球。每一种发球都有自己的特点和作用。

1. 平击发球

平击发球是一种几乎不带旋转的大力发球，球的飞行轨迹近于直线，发出的球力量大，速度快，落点深，给对方带来很大的威胁。熟练掌握后，如果运用合理，是一种得分手段。平击发球素有"炮弹式发球"之称，其缺点是命中率低，且消耗体力，一般情况下用于第一发球。[1]

平击发球的正确打法是拍面中心平直对球，使球不产生旋转。平击发球的关键是力量，它来源于背弓的打开身体的转体收缩，就像弹簧压缩后突然放开后释放的巨大能量。击球时，挺胸、展腹、提踵、顺势用鞭打动作向上向前挥拍，击打球的后中部。随着击球时身体重心的迁移，上体自然向场内倾斜，下

---

[1] 张永垛，刘积德，段立军. 网球运动发展理论研究与学练实践［M］. 北京：中国时代经济出版社，2014.

肢随即向场内跨步，持拍手顺势自然向斜下方随挥，直至持拍手异侧的侧下方。

平击发球的技术要点如下：

(1) 球要抛在握拍手一侧的前上方。

(2) 挥拍击球时，整个身体要放松，完全打开。

(3) 击球点尽量高，手腕内旋，使拍面与击球方向垂直。

(4) 在身体前面击球，并使重心跟进。

(5) 抬头紧盯来球。

(6) 随挥时，球拍挥至持拍手异侧的身体的下方，左手同时放开，保持好身体的平衡。

2. 切削发球

切削发球的击球点略比平击发球低一点，击球时球拍多由斜上向下切削，使球在飞行中带有侧下旋，曲线进入发球区。这种发球的特点是：不仅球速快，威胁性大，而且安全性较高，可用于一发，也可用于二发。由于这种发球的命中率较高，因此当今世界网坛的许多高手经常在比赛中使用。

切削发球击球前的动作与平击发球的基本一致，只是抛球时，球抛得比平击发球更靠外（更靠右）。击球时，手腕不内旋，直接击球的右侧方。整个挥拍动作是从右侧上方至左下方，使球产生右侧上旋转，球的飞行路线是一条从右向左的弧线，以提高命中率，并可以把对方拉出场外。

切削发球的技术要点如下：

(1) 使用大陆式握拍或东方式反手握拍法。

(2) 抛球偏右侧前上方，须准确到位。

(3) 抬头紧盯抛球。

(4) 挥拍路线是从右前上方向左下方挥出。

(5) 保持拍面与球是相切的关系。

(6) 随挥充分到位，动作完整。

3. 旋转发球

旋转发球的抛球比平击发球和切削发球更靠近身体，在头后稍偏左的位置。旋转发球要求发出去的球明显地带有上旋和侧旋，使球产生一个明显的从上向下的弧线轨迹。整个发球动作中，发力越大，旋转越快，弧线就越大，命中率也就越高。这种球的特点是：落地后反弹较高，给对方回击球带来困难，给发球上网争取时间。为了加强球的旋转，球拍应击球的后下部并向上刷球，并有明显的扣腕动作。

旋转发球的技术要点如下：

（1）使用大陆式握拍或东方式反手握拍法。

（2）抛球要离身体更近一些，抛于头顶正上方或稍微再靠后些。

（3）腰部的扭转和背弓的程度大，重心靠后。

（4）击球时要有刷球的感觉。

（5）球拍是由脑后向上、向前挥出的。

（6）随挥充分到位，动作完整。

二、接发球技术

（一）接发球技术的基础知识

接发球技术并非一种固定的技术动作，而是接球员根据来球的路线、速度、落点和弹跳弧度等采用正反手的各种击球手法，将来球回击到发球一方场地中的一项综合性技术。

1. 接发球的站位

（1）通常接一发和二发所站的位置是不同的。接一发时，一般站在底线后稍远的地方；而接二发时，则相对较近一些，甚至可以在场地内接发球。

（2）根据发球者持拍左右手的不同，接发球者的位置也不相同。一般地，右手持拍在右发球区发球时，接发球者应站得靠外一些，右脚一般与单打边线对齐即可；右手持拍在左发球区发球时，接发球者应站得靠中间一些，在单打边线内侧附近。而当发球者是左手持拍时，在右发球区，接发球者应在右侧单打边线内侧做好准备；在左发球区，接发球者应在左侧单打边线的延长线上做好准备。

（3）依据发球者在每个区域的站位的不同，接球者也要相应地调整自己的位置。如果发球者比较靠近中点,那么接发球者也要相应地靠中间一点;如果发球者比较靠近边线,则接发球者也要稍靠近外侧一点。接发球的站位应随着发球者的站位的变化而变化,千万不可墨守成规,应根据场上的具体情况随机应变。

2. 对发球的预判

职业选手一般可以在对手抛球时就大概知道对手发球的方向,有一个动作的提前量。要做到提前预判对手的发球,必须具备以下几点:迅速掌握对手的发球习惯;观察对手发球的站位;看清对手抛球的位置。

3. 接发球的基本动作

就一般的正反手接发球而言,当判断来球以后,应迅速向后引拍,并保证在身体前面击球,击球后,身体重心一定迅速跟上前移,后脚不要离开地面。

4. 接二发的站位

职业选手二发时一般不减力,只是增加了球的旋转,球速也不是太慢。可是大多数业余选手二发时不仅旋转不够,而且力量也有明显的减弱,所以在接二发时,常可以向前站一些,给发球者一定的心理压力,迫使其发出软球,给自己接发球创造机会,掌握场上的主动,或者造成发球者发球双误,直接得分。另外,需要强调的是,接发球时除非对方发球过软,击球位置特别舒适,否则不要在接发球时发全力,以免出现"暴力击打"以赌博的方式来接发球。

5. 接发球的原则

接发球除不要出现"暴力击打"外,一般还应遵循以下几点原则:

(1) 接发球的路线:原则上回对角斜线球。

(2) 接发球的回球深度:应尽量把球打到底线附近。

(3) 如果对方网前技术较差,这时也可以回击一些斜线短球,迫使对方上网。

(4) 接二发时,应提早做准备,用侧身攻,攻击对手的反手弱侧。

(5) 如果对手发球上网,一般多采用直线破网。

(二) 接发球技术训练

在网球技术中,接发球技术是仅次于发球技术的又一非常重要的击球技术。在对方发球命中之后，接发球技术的好坏直接决定了这一分得失。因此，运动员要针对接发球技术进行专门和系统的训练，以更好地满足网球比赛的需要。

1. 练习步骤与方法

（1）接发球多球练习。根据具体的训练要求，教练员采用多球发球的方式，给运动员进行专门的接发球练习。可站在发球区附近位置发球，以增加送球力量，要注意发球的落点、力量、旋转、速度等因素，尽量与实际发球相似。

（2）与发球员配合的接发球练习。由1~2名学生来发球，结合实战，进行接发球练习，可练习接发球抢攻、接发球破网、接发球随球上网。

（3）接发球准确性提高的练习。由多名学生轮流发球，要求负责接发球的学生将球回击到指定的区域内。

（4）促使接发球实战能力得以不断提高的练习。一方发球，另一方接发球，要求负责接发球的一方要打直线或斜线。

（5）在中线附近，四名发球者同时进行发球，两名接发球者回击直线，每发10次之后发球者与接发球者进行交换。

（6）一名学生练习第二次发球，另一名负责接发球的学生练习发球后随球上网，两人共同完成这一分的争夺。

2. 注意事项

（1）准备接发球时要放松。只需要在击球时发力，身体如果过早紧张就会对腿部的移动产生影响。

（2）在接发球技术中，运用分腿垫步能够很好地帮助身体提早起动，并对来球的方向做出快速判断。

（3）主动进攻，向前接球，不能被动地应对。注意要将脚后跟提起，使身体重心向前，不能使脚跟接触地面。

（4）保持高度集中的注意力。在对方抛球上举挥拍时，两眼要注视球。

第四节 网球进阶技术的科学训练

一、截击球技术

截击球是指在对方来球未落地之前,将球凌空拦击到对方场区内的球。截击是现代网球比赛中一项重要的得分手段,截击多在网前,截击的球一般速度比较快、力量大、进攻性强。所以,现代网球比赛中,谁占据了网前的主动,谁就取得了明显的优势。正手截击技术的好坏标志着网前选手拦网的稳定性和攻击能力。

截击球分为正手截击(常规截击、中场截击、近网截击)、反手截击和抽击截击。

(一) 正手截击

1. 握拍

正手截击最理想的握拍方式是大陆式握拍,这样可以保证在网前击球时,无论是正手截击球还是反手截击球都不用变换握拍,从而节省了变换握拍的准备时间,另外,大陆式握拍使食指和中指形成扣扳机状,便于球员对拍头有更多的控制。

2. 准备动作

截击前应取好位置,其基本位置应该站在对手可能回球范围内的正中间。两腿开立略比肩宽,双膝明显弯曲,上体保持前倾,双手持拍在体前,拍头较高,肘关节前伸,身体重心落在双脚前脚掌上,注意观察并且预先判断对方来球。

3. 引拍阶段

当判断对方来球需要用正手截击时,身体重心移向右脚,上体同时跟着向右侧转动,保持身体侧对来球,握拍的右手顺势向右、向后摆动,但动作很小，几乎不超过自己的身体（来球越快后摆越小），左手离开球拍（保持身体平衡），拍面打开，抬起左脚，眼睛紧盯来球。

4. 击球阶段

左脚向右前跨步的同时，右臂前伸，挥拍迎击来球，拍头始终高于手腕，拍面对准来球，腋下夹紧，手腕固定，击球动作是从后上方向前下方运动，击球点在身体的右侧前方。动作简捷而有力，截出的球一般是下旋球。

5. 随挥阶段

击球后的随球动作很小，一般不会超过身体的中轴线，击球结束后，拍面指向击球方向。

（二）反手截击

1. 握拍

采用大陆式握拍法或东方式反手握拍法。

2. 准备动作

截击前，应取好位置，其基本位置应该站在对手可能回球范围内的正中间。两腿开立略比肩宽，双膝明显弯曲，上体保持前倾，双手持拍在体前，拍头较高，肘关节前伸，身体重心落在双脚前脚掌上，注意观察并且预先判断对方来球。

3. 引拍阶段

当判断对方来球需要用反手截击时，身体重心移向左脚，上体同时跟着向左侧转动，保持身体侧对来球，左手扶住拍颈，向后上方引拍，至击球点的后上方，左腿是支撑腿，应保持弯曲并向前伸展，眼睛紧盯对方来球。

4. 击球阶段

右脚向左前方跨步的同时，持拍手臂从后上方向前下方挥出迎击来球，同时左手向后上方运动（保持身体平衡），手腕固定，拍头高于手腕，稍用肩和前臂动作向下切球，击球点在身体的左侧前方。

5. 随挥阶段

击球后，重心前移，有一个很短的随击动作。

（三）抽击截击

随着现代网球技术的发展，并不是所有的截击球都没有充分的后摆和前挥动作。当对方的回击是一个中前场，且又高又慢的"月亮球"时，就可以像打正手球一样，迎前大力击球。这就是抽击截击，其击球点在身前，高度在肩和腰之间，挥拍击球时，前脚要大跨步，同时不要忘了夹紧腋下，击球后拍子要大幅度地随挥出去，身体的重心明显前移。

二、高压球技术

高压球就是将对手挑过来的高球在头部上方用扣杀动作还击的一项技术。一般来说，打高压球就意味着得势和得分。在网球比赛中能够运用高压球得分的确能鼓舞人心，但高压球也是网球运动中最难掌握的技术之一。业余球员在网前经常会面临对手的挑高球，所以高压球技术对于中级以上的业余选手就显得至关重要。当然，对专业运动员更是不可缺少的一项基本技术。

（一）高压球基本技术和原理

高压球的动作类似于发球，但引拍和挥拍击球的动作幅度没有那么大。高压球一般以平击为主，不必过分苛求施加旋转。但也有运动员在中后场用切球的方式，让球拍在击球的一瞬间以某个角度触球，使球产生强烈的侧旋，更大范围地调动对手。[1]

1. 握拍

采用大陆式握拍。初学者可以用东方式正手握拍。

2. 脚步

见到对手挑高球时，立即转身，同时右脚向后撤一大步，然后用小碎步或交叉步迅速调整位置，移动到来球的下方。

3. 后摆球拍

退步的同时举起双手，非持拍手臂抬起，指向来球，确定球的飞行轨迹，同时持拍手臂肘部抬起。

4. 挥拍击球

球自然下垂，做出"挠背"动作，紧接着借助蹬地转体的协调力量，加

---

[1] 陈建强．网球学与教［M］．上海：复旦大学出版社，2010．

速挥向来球，并在触球后有一个扣腕的动作（注意手腕的松弛度），非持拍一侧的手臂和肩膀伴随挥拍放下，眼睛在整个动作过程中始终盯住球。

5. 随挥动作

击球后顺势将球拍收于持拍手异侧的腿侧，如果击球点很靠后或很偏，不适合正常发力，那么随挥动作有可能被强行的扣腕或旋腕动作所代替。这时不必勉强做常规的收拍动作，以免受伤。

(二) 几种类型的高压球

根据对手挑过来的高球情况不同，如弧度、深度、旋转等，可以打凌空高压或者落地高压。很多职业选手还喜欢跳起在空中打高压球。

1. 落地高压球

在来球很高时，可以让球落地反弹后再寻找高点扣杀。由于这种球落地后的反弹轨迹几乎是直上直下的。所以，应该迅速移动到球的后面，调整好站位，尽量在头的前上方击球。

初学者可以先练习这种高压球技术。

2. 凌空高压球

凌空高压球指的是不等来球落地，直接在空中就将球扣杀过去。这比打落地高压球难度大。因为凌空球下落的速度比反弹起来再下落的球快很多，击球时机不容易把握，打早了或迟了都影响击球的效果，所以除了要求准确的判断和熟练的步法以外，拉拍动作应该更加迅速及时，挥拍击球也应该更加果断。

3. 跳起高压球

跳起后在空中高压要比前两种高压球难度更大。它的动作类似于羽毛球的跳起扣杀动作，一般是与持拍手同一侧的脚蹬地起跳，落地时异侧的脚先着地、缓冲，或者是双脚同时起跳，同时落地。前世界头号男子单打选手桑普拉斯比较青睐这种高压技术。由于跳起高度对身体柔韧性的要求很高，所以并不建议初、中级选手采用。

三、放小球技术

放小球是一种战略需要，可以根据对手前后移动慢、网前技术差等特点，制造得分机会；同时也可以利用对手大角度跑出场外时，突然放小球，使对手跑位不及，从而轻松得分。掌握放小球后可以更加丰富自己的打法，采用多变战术，令对手捉摸不透，取得比赛的最后胜利。

（一）技术要点

引拍和正手底线击球引拍技术相同，只是在握拍上稍微改变成为东方式或大陆式握拍。刚刚挥拍时通过转腕将拍面降下来。

在腰的高度击球，同时在击球瞬间做一个小弧形的动作向前推球，击球前拍面高于球。然后在击球时大力摩擦球以产生旋转。

在击球结束后，腕部尽量完成一个"舀"球的动作，这能把球轻轻提起，球就能在过网后落到更浅的位置。

（二）技术特点

高质量地放小球通常是高过网 1~2 英尺（1 英尺 = 0.3048 米），并且带有强烈的下旋，让球弹地两三下也不会弹出发球区。对于职业运动员来讲，网前吊小球也不是很容易打出完美的一击，但若是我们可以多花些时间练习，那么在比赛时就会轻松用到放小球，并成为有效的进攻手段。

（三）练习方法

（1）在正反手底线练习过程中，突然放小球。

（2）用多球进行定点练习，固定动作后再进行跑动中放小球练习。

四、凌空球技术

凌空球是在网前截击中演变而成的一种击球方式，如果对手打出毫无威胁的球来到头部或者肩部高度附近时，那么就可以使用凌空球，不给对方任何喘息的机会取得胜利。

（一）凌空球技术要领

眼睛盯住来球，提早做出判断；握拍方法和正手击球握拍方法相同。

击球时腋下用力加紧，挥拍轨迹由下向上，击球点在身体前，用击落点球的要领挥拍击球。击球时要充分加紧腋下，使挥拍稳定有力，击球后拍子要大幅度地随挥。

（二）凌空球技术特点

凌空球的技术特点是威力大、速度快、落点无法判断，比一般的截击更具有破坏力，无论双打还是单打，当对手打出高而浅的空中球时，就要果断地使用凌空球。

（三）易犯错误

（1）击球点在身体后，发不上力，击球没有威胁效果。纠正方法：提早判断来球，利用挥拍制动方法检查来球是否正确。

（2）击球点位置掌握不好。纠正方法：保证击球点是在头部、肩部附近的位置。

（3）下网偏多。纠正方法：击球过程中，过于着急使劲拍下去的话，产生向下的力量偏多，而忘记向前挥拍轨迹。

五、挑高球技术

挑高球技术是把对方来球向空中挑起，使球越过对方网前队员，落入其后场，以赢得回位时间或直接得分的技术。这项技术多在对方上网，或自己在底线被动时采用。随着网球运动的日益发展，网球技术的不断提高，挑高球这项基本技术在网球技术中占有重要的地位。现代网球比赛竞争的日趋激烈，尤其是双打比赛中的双上网发球抢攻战术的广泛应用，单打比赛中网前战术比例的增加，使得对付网前进攻有效的武器之一的挑高球技术显得尤为重要。[①]

而且，现代挑高球技术已经由过去简单的纯防守型发展成为进攻型，不仅可以变被动为主动，还可以直接得分。所以，挑高球不仅可用来防守，而且还可用来进攻。挑高球在当今被称为第三种超身球（打到场地一侧使对方够不着球），可直接得分。并且，它可以在全场任何地方挑出，所以挑高球具有进攻性；说它是防守，是因为挑高球能使自己摆脱困境，从而赢得时间，重新回到合适的击球位置。挑高球成功的关键是必须把球挑过对方的头顶，使对手无法高压。根据其性质挑高球可以分为防守性挑高球和进攻性挑高球两种。

---

① 陈建强. 网球学与教 [M]. 上海：复旦大学出版社，2010.

（一）防守性挑高球技术要领

1. 正手下旋挑高球

（1）准备姿势。两脚开立比肩宽，上身正对球网，膝关节稍弯曲，身体重心落在双脚前脚掌上，双手持拍在胸前，左手托住拍颈，右手握住拍柄，拍头指向球网，注意观察并且预先判断对方来球。

（2）引拍阶段。首先，采用正手握拍法，当球离开对方的球拍时，上身稍稍向右转体，转体的同时自然地向后引拍，拍面打开，支撑腿（左腿）向前跨出。右手臂微微弯曲，眼睛紧盯来球。

（3）击球阶段。身体重心下移，膝关节弯曲度加大，同时球拍向下挥动，紧接着下肢用力蹬地，膝关节伸展转髋带动肩膀和手臂向前、向上挥拍，并保持击球点在身体的前面，拍面打开，在击球前右手手臂要充分伸展。

（4）随挥阶段。击球后，球拍顺着惯性向前上方挥出，重心前移，右脚跟上，重新做好击球的准备。

2. 反手下旋挑高球

（1）准备姿势。两脚开立比肩宽，上身正对球网，膝关节稍稍弯曲，身体重心落在双脚前脚掌上，双手持拍在胸前，左手托住拍颈，右手握住拍柄，拍头指向球网，注意观察并且预先判断对方来球。

（2）引拍阶段。采用反手握拍法，当球离开对方的球拍时，上身稍稍向左后方转体，转体的同时，自然地向后引拍，拍面打开，支撑腿（右腿）向前跨出。右肩胛骨对准球网，右手手臂微微弯曲，眼睛紧盯来球。

（3）击球阶段。身体重心下移，膝关节弯曲度加大，同时球拍向下挥动，紧接着下肢用力蹬地，膝关节伸展转髋带动肩膀和手臂再向前、向上挥拍，并保持击球点在身体的前面，拍面打开，在击球前右手臂要伸展，左手臂向后做较短的反向动作，以保持身体的平衡。

（4）随挥阶段。击球后，球拍顺着惯性向前上方充分挥出，重心前移，右脚跟上，重新做好击球的准备。

（二）进攻性挑高球技术要领

1. 准备姿势

两脚开立比肩宽，上身正对球网，膝关节稍稍弯曲，身体重心落在双脚前脚掌上，双手持拍在胸前，左手托住拍颈，右手握住拍柄，拍头指向球网，注意观察并且预先判断对方来球。

2. 引拍阶段

当球离开对方的球拍时，右腿侧跨较大一步，上体充分向右、向后转体。同时顺势向后引拍，并保持放松，左手离开球拍，并保持在身体前面。支撑腿（右腿）承受大部分身体的重量，眼睛紧盯来球。

3. 击球阶段

拍头大幅度降低，大大低于预期的击球点的高度；下肢用力蹬地伸展，上体向前转体，并稍稍后仰，迅速地从后下方向前上方击球点挥拍。挥拍一定要快，击球点保持在身体的右侧前方，有强烈的向前、向上提拉的感觉。

4. 随挥阶段

击球后，球拍急速向前、向上挥出，此动作结束在左肩膀的上方，左手扶拍，然后迅速转换成准备姿势。

第四章　网球运动战术教学与训练

第一节　网球战术基本理论

一、网球战术的概念

战术，是在体育运动中运动员为了战胜对手或取得理想的比赛结果而采取一定的谋略并加以实施的总称。由此，可以得出网球战术的概念界定，即为用于网球比赛中以取胜为目的的计谋与实践行为。

对网球战术的理解有助于网球战术的选择与运用，为此，可以从广义和狭义两方面来分析和研究网球战术。广义上的网球战术，指的是对网球比赛产生影响的各个因素（技术、意志、智能和素质等）的综合运用；而狭义上的网球战术，指的则是在比赛中针对对方的特点和技术打法而采用的克制对方各种技术的做法。

对于参加比赛的各个网球队以及其中的每个网球运动员来说，他们的主要目的都是战胜对手，取得比赛的胜利，而要达到这一目的，网球战术将起到决定性的作用。网球战术的制定，实际上就是根据网球队员个体特点，将队员各自的技术特长综合起来并加以组合，使其综合效果大大高于简单水平的相加效果的操作。另外，合理、正确地运用战术能够在争取比赛胜利的过程中使体能的消耗有一定的减少。①

二、网球战术与运动员的密切关系

（一）网球战术与运动员的素质

运动员的素质主要涉及运动员的技术、身体以及心理这几个方面。因此，网球战术与运动员素质的关系，实际上就是与这三个方面的关系。

网球战术，是网球运动员身体素质、专项技术以及心理素质三个方面的综合，网球战术与这三个要素之间的关系密切。具体来说，网球战术的形成与运用，都是在网球运动员的身体素质和技术基础上实现的，同时还受到心理素质的影响。

网球运动员的身心素质和技术，在不同的战术配合和行动中所占的比重以及所产生的战术效果都是不同的，要根据具体的战术需要来加以配比。同时，良好的网球战术的运用，也能有效促进运动员身心素质和技术的进一步发展与提升。

（二）网球战术与运动员的战术能力

制定网球战术是为了在比赛中加以运用并取得良好的运用效果，这就对网球运动员的战术能力提出了要求。具体来说，运动员战术的掌握与运用能力，在很大程度上决定了战术最终所发挥的效用。网球运动员的战术能力包含的内容非常广泛，比如，运动员的战术观念是落后的还是先进的、个人战术意识及配合意识（双打）是强的还是弱的、所掌握的战术理论知识是多的还是少的、战术实施的具体质量和数量如何、战术运用所产生的及时性和有效性如何等，这些都属于网球运动员战术能力的范畴。网球运动员的战术能力是其整体竞技能力水平中非常重要的构成要素。②

对于网球运动员来说，如果在比赛过程中，没有制定出科学有效的战术，

---

① 张洁，刘军毅，李忠堂. 网球运动技战术科学训练方法［M］. 长春：东北师范大学出版社，2011.
② 李东祁，张清雷，史明. 网球运动技战术训练与发展研究［M］. 北京：九州出版社，2018.

或者没有充分实施制定好的战术,那么他们往往无法取得应有的战术运用效果,这对于最终的比赛结果是不利的。

三、网球战术的基本原则

制定和运用有效的网球战术,必须遵循一定的原则,具体如下:

(一)知己知彼,目标明确

战术,实际上就是为了比赛的胜利而设计出的一套行动方案,是以自我评价的结果和对对手的分析结果为依据而进行的。通过战术的运用,能够使运动员有更大的进步和成功,从中所获取的乐趣也更多。

具体来说,网球运动员在参加比赛之前,要做好相关的准备工作,包括从客观的角度分析自身的网球专项技术状况,在建立良好的认识和概念的基础上,对对手的特点、作战情况等有一个全面、综合的了解。然后根据对手的实际情况,来做好战术方案的选择工作,制订出有针对性和目的性的战术方案。同时,还要保证其可行性与可操作性,做到知己知彼,从而取得理想的比赛结果。

(二)灵活机动,随机应变

在网球战术中,灵活机动、随机应变是非常重要的原则之一。在比赛之前,网球运动员就要以自己的特点为依据,有针对性地精心设计并熟练掌握几套进攻、防守战术的打法,这是非常有必要的。究其原因,主要是比赛中的情况变幻莫测,如果运动员所采用战术打法不再适应比赛,打得不顺,那么就可以从其他几种备用战术中挑选出合适的战术,以对付场上的多种变化,力争达到克敌制胜的目的。

如果对手很快就适应了自己的战术,那么这时候就需要改变原有的战术,可以用变线、深浅的结合,打空当来将对方充分调动起来,使其左右前后地奔跑。具体来说,可以通过不同的方式方法来达到预期的目的。比如,要想使对方击球的难度增加,组合击球拉开空当是比较理想的方法;要使对方的步法混乱,失去灵活性,那么打身后球所产生的效果不错;在交换发球场地时对比赛进行分析,从而有针对性地做出何时改变战术的决定等。

总的来说，就是要求运动员以赛场上的不同变化为主要依据，做到灵活机动，随机应变，克敌制胜，进而取得比赛最后的胜利。

（三）勤于观察，扬长避短

一般来说，优秀的网球运动员，其自身的打法和风格都是较为独特的，也存在着相应的优势和不足。在网球比赛中，运动员往往会将自身所擅长的技战术运用出来，将自己的优势充分发挥出来，以此来压迫对手暴露出弱点和不足。

随着网球运动的不断发展，网球比赛也发生了变化，通常队员自身特长的发挥以及对不足之处的规避，很大程度上决定了所取得的比赛结果的好坏。因此，这就要求网球运动员具备非常强的耐心和耐力，通过对对手全面仔细地观察，准确抓住对方暴露出的弱点，寻找对方易出现失误的规律，并抓住时机用自身的长处来加以应对，从而将比赛的主动权掌握在自己的手中，这是取得理想的比赛结果的一个重要条件。

（四）积极主动，勇猛顽强

在选择和制定网球战术时，积极主动的指导思想非常重要。在网球比赛中，一定要尽可能做到积极主动，在气势上不能落后，通过各种方式方法来紧握比赛的程度和节奏。在将要采用的战术确定下来之后，不要犹豫，坚决地打下去，切忌犹犹豫豫、优柔寡断。比赛中，比分都是交替上升的，因此比分领先和落后都是很正常的，要以平常心对待。

（五）掌握节奏，攻守平衡

网球比赛是在不断地进攻与防守的对抗中持续进行的，网球比赛的节奏，也是通过攻守战术的不断转换体现出来的。要注意，进攻和防守的节奏具体的体现方式是不同的，如进攻的速度快慢和强度变化交替灵活地运用能够充分体现出进攻的节奏；而延缓对方的进攻速度和增加对方进攻的难度则能够将防守的节奏体现出来。仅仅反映出进攻和防守的节奏是不够的，运动员还要对此进行充分掌握。网球攻守节奏通常是较为复杂的，并且还具有一定的艺术性特点。网球攻守节奏会受到很多因素的影响和制约，例如，比赛经验、临场应变能力、观察和判断场上形势、捕捉战机等。

在网球运动中，创造机会直接得分是所有进攻战术运用的目的所在，达到攻守平衡的目的，要充分明确并认识战术指导思想以及战术打法，除此之外，最为重要的是运动员的攻防能力必须出色，不管是进攻还是防守，都得有很好的把握，而不能片面地强调进攻或防守。

（六）充分准备，敢于创新

网球场都是室外的，因此比赛会受到天气状况的影响。如太阳的朝向、风向和风力等。这就要求运动员根据实际情况有针对性地采取不同的打法。

另外，网球比赛是千变万化的，什么情况都有可能出现，这就要求网球运动员不仅要严格按照既定的攻守计划加以实施，还要在此过程中，将自身的创造能力充分发挥出来，使自身的战术把握与运用能力得到提升。在比赛中，不管对手采取什么样的进攻或者防守战术，都不能从根本上影响自己的战术规划，因此就要求在比赛过程中，网球运动员要在既定战术的基础上，结合场上情况及时调整战术，以保证对对手的进攻效果充分得以实现。

（七）技战术有机结合

现代网球运动具备的一个显著特征，就是战术与技术的合理组合运用。在网球比赛中，只采用相关的战术并不一定能取得最终的胜利，还需要与专项技术结合起来，只有同时具备技术和战术两方面的条件，才能对最终的比赛结果产生决定性的影响。网球技术是网球战术的重要基础，没有全面、熟练的网球技术，网球战术的顺利实施以及最终得出的效果是无法得到保证的。换言之，在将网球战术打法确定下来以后，还必须选择与之相适应的技术动作，这样，最终获得理想的比赛结果才会成为可能。

四、网球战术的制定依据

（一）环境依据

网球战术制定的环境依据，主要包括风向、阳光、气温、场地等方面。

1. 风向方面

网球比赛中遇到的风有顺风和逆风之分，两种情况下所采取的战术是有着非常大的差别的。

如果处于顺风的场地，在比赛时，运动员首先要将顺风击球时球速会加大这一事实明确下来，在这样的环境下，击球的发力要适当减小。同时，为避免球出界的情况出现，并要加大对手的接球难度，在球的旋转上要有所增加；其次，在顺风的情况下打球，一定要抓住时机或者创造机会积极上网；最后，在顺风的情况下，如果出现底线相持的情况，这时不要着急结束对战，只要稳稳当当地把球打向对手的场地即可。

如果处于逆风的场地，在比赛时，运动员要明确击球的力度要更大一些，才能达到平时的击球效果，打球出界的概率会大大减小。在逆风的情况下，如果对手选择上网，那么就需要通过挑高球的方式加以应对，并且保证球要挑得深。一旦挑高球成功，紧接着就要及时随球上网截击，这样得分就会容易一些。[1]

2. 阳光方面

网球场基本上是南北朝向的，这也就决定了比赛的双方总有一方是要对着太阳的，这时候，如果面对太阳的一方发球，为避免因太阳直射而造成的失误，就需要对自己的发球站位和抛球的高度进行适当调整。要强调的是，对着太阳时，尽量不要采用上网的战术，因为这样往往会让对方抓到跳高球的机会。

如果是背对着太阳，那么就要记住挑高球的方向，如果对手采用上网的战术，那么就可以看准时机给予挑高球的应对。

3. 气温方面

网球运动员在比赛中的状态和能力发挥也会受到气温的影响。不同气温对网球运动员的影响是不同的，尤其体现在战术的运用上。

通常，夏天气温高，在这样的环境下进行网球比赛，会大大提升运动员的体力消耗，也增加了对比赛中运动员心理和意志的考验。在比赛过程中，要尽可能地通过不同打法来充分调动起对手，使其不停地大幅度奔跑，最大限度地消耗其体力。随着对方体力的消耗殆尽，其心理防线也会逐渐崩溃，在自己获得主动的情况下获胜的机会就会大大增加。

---

[1] 杨三军，赵伟科. 高校网球教学与训练指导研究［M］. 长春：吉林大学出版社，2014.

在冬天进行网球比赛，要求运动员一定要做好充分的准备活动，有效避免运动创伤。

需要强调的是，外界比赛环境会在很大程度上影响战术的选择和制定，这是毋庸置疑的。但是这些因素都不是绝对的，这就要求运动员还要将重点放在技战术的训练和提升上。

4. 场地方面

网球运动的场地有很多种类型，不同类型场地对网球运动员战术的制定与运用提出的要求以及产生的影响都是不同的。

（1）慢速场地（沙地）。在慢速场地上组织网球训练或者网球比赛，制定和运用战术方面，有以下几个方面的建议：

第一，高频率运用上旋击球的方式。

第二，上旋球或有角度的高挑球是常用的发球技术，大力发球不是主要目的。

第三，与高球和上旋球相结合，然后再采用击半高球上网的方式。

第四，不要攻击所有的短球，而是取得主动，将球击向对手身后。

第五，防守时，打法要多变，避免被看出战术意图。

第六，选择战术时要以能增加对手疲劳程度为主要目的。

（2）中速场地（室内场地、硬地）。在中速场地上组织网球训练或者网球比赛，制定和运用战术方面的建议有以下四点：

第一，要将旋转球作为主要击球方式。

第二，发球时，要将各种旋转和力量充分结合起来。

第三，要将旋转和高度各不相同的击球方式结合起来运用。

第四，攻击短球时击向对手身后，随球上网高空截击，采用"满场飞"的打法，截击空当。

（3）快速场地（草地场地）。在快速场地上组织网球训练或网球比赛时，制定和运用运动战术方面的建议有以下五点：

第一，提高削球和平击球的运用频率。

第二，以发侧旋的小角度球为主。

第三，与打高球的方式相结合，击球之前的引拍动作要尽可能小，然后再移动至场内上网。

第四，要对所有短球进行凶狠的攻击，上网，并提前将落点的位置封住。

第五，采用低弹球的战略。

（二）场区依据

通常，可以将网球场地分为前场区、中场区以及后场区，在不同场区要采用不同的网球战术。

1. 前场区

前场区，就是平时所说的拦网区，这一区域是最具进攻性的。

在这一区域，所有的运动员都必须完成向前的动作和进攻行动，也就是说，要将球打死，还要将球的攻击性和威胁性打出来。

2. 中场区

中场区，是网球场地中最重要且最难掌握的区域，运动员在这一区域的选择会比较多，这一区域也会为其提供更多发挥余地。

通常，在中场区需要尽可能多地利用打一个正手或反手击球增加对手的压力。

3. 后场区

后场区，作为基础击球区，对网球运动员有着较高的要求，这些要求体现在耐心、计划、视野与深度等各个方面。

网球运动员在后场区时，必须具有良好的耐心及侧身移动灵活性，还要对击球的角度及准确性有充分把握，从而为最终所要完成的向前移动或给对方致命一击做好准备。

（三）比分依据

在网球比赛中，运动员的比分往往是交替上升的，也就是说，总有比分领先和比分落后的情况，这就要求运动员在战术上有所调整和改变，及时掌握主动权。

1. 比赛开始时的战术

在攻击对手时，采用的战术应该是能够使其疲于奔跑的。同时，将自己的长处发挥出来，打球的成功率要有保证。这样做是为了先拿到 30 分，因为先拿到 30 分的一方的赢球概率是非常大的，即使最后这一局没有成功打败对手，也能使对手的疲劳程度大大增加，为后面一局创造了良好的条件。

2. 比分领先时的战术

如果已经处于比分领先的状态，那么这时候就需要对对手的弱点进行重点攻击。这种打法要求运动员的控制力和信心都非常强，否则，对对手弱点的攻击力会下降，无法彻底摧毁其心理防线，增大自身的获胜概率。

3. 比分落后时的战术

在比分落后的情况下，要采用动作攻击的方式，来限制非受迫性失误，维持击球的同时令对手跑动，使对手的体能尽快降低并耗尽，如此一来，即便这一局没有击垮对手，也能消耗对手的体能，为下一局创造良好的条件。

4. 比分持平时所制定的战术

一般来说，这时候若打得好，则采用球技的攻击；若打不好，则采取动作的攻击。因此，这就要求运动员要根据实际情况来进行适当的调整，尽可能使对手的气势转弱，这样他的弱点将更加脆弱。

第二节 网球单打战术教学与训练

在网球单打中所用到的战术主要有四种：发球战术、接发球战术、上网战术和底线战术。不同战术的教学内容和教学方法都是有所差别的，具体如下：

一、发球战术教学

（一）发球战术教学内容

1. 发球站位

发球的站位要求，会因运动员所在区域的不同而发生改变。比如，发第一区时，站位要尽量靠近中点线，通过发直线球的方式将对方反拍封死；发第二区时，站位要稍微远离一些中点线，这样能够在更大斜线的状况下发对方反拍区，从而有效扩大自己的正拍防守区域。

2. 第一次发球

在网球的单打比赛中，第一次发球具有非常重要的意义，大力平击发球是最为常用的手段，这样能增大对方抵挡的难度，造成其接发球失误；除此之外，切削发球、上旋发球打落点的方法也是非常理想的选择，发至对方防守较差的区域，也是较为有效的。

3. 第二次发球

在进行第二次发球时，一定要做到准确、力求凶狠、打落点，这是第二次发球的关键所在。一般情况下，第二次发球都是采取切削发球或上旋发球的手段来进行的。

4. 上网的发球

上网发球用到的往往为大力平击发球和上旋发球后上网两种打法。但用到较多的是后者，这主要是因为大力平击发球后会给对手快速反击的机会，不利于自身上网。

5. 右区发球的站位和落点

（1）右区发球的站位。右区发球的最佳站位是中点线附近，因为这样能够对全场进行有效控制，同时还可以通过直线球的发球，将对手的反拍封住，迫使对方只能反手来接发球，增大其失误的概率。

（2）右区发球的落点。甲为发球方，乙为接球方，数字则是发球落点的优先排列，如图4-1所示。

6. 左区发球的站位和落点

（1）左区发球的站位。左区发球的站位通常为离中点线1~2米间的位置，如图4-2所示的第1落点，即大角度斜线球发往对方的左侧边线，是最理想的发球落点。

（2）左区发球的落点。如图4-2所示的第2和第3落点，是第一次发球时1/4的发球机会中的最佳选择。

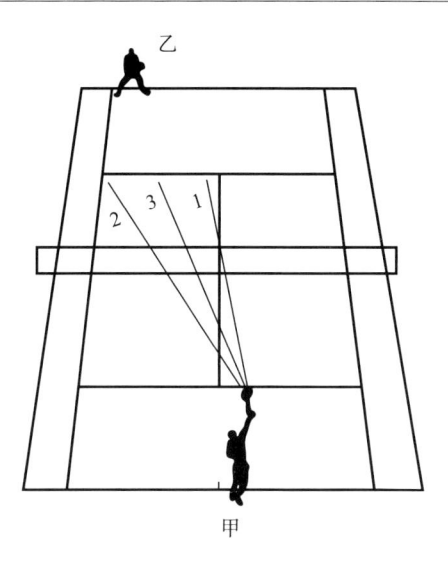

图 4-1　右区发球的落点示意图

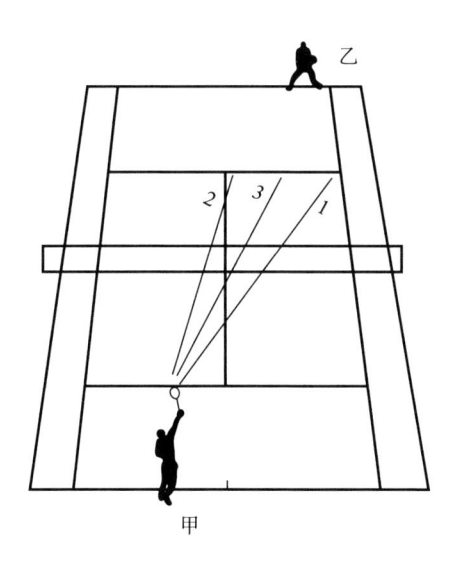

图 4-2　左区发球的落点示意图

(二) 发球战术教学方法

在通常情况下，发球战术训练会安排在发球技术系统地训练了 20 分钟后进行。

方法一：甲发球上网，乙接发球将靠近两边线的位置作为落点。为了保证教学效果，可以按照上述方法反复进行练习。

方法二：甲采用切削发球的方式，将落点控制在乙正手侧的边线上，然后借机随球上网。为了保证教学效果，可以按照上述方法反复进行练习。

方法三：甲从左边发上旋球，将乙的反手侧作为理想落点，然后借机随球上网。为了保证教学效果，可以按照上述方法反复进行练习。

方法四：甲采用上网正手或反手截击的方式，注意截击球的深浅程度随意，截击放小球也是比较理想的发球方式。乙根据甲离球网的距离来选择回击的方式，挑高球的运用概率较大。为了保证教学效果，可以按照上述方法反复进行练习。

二、接发球战术教学

（一）接发球战术教学内容

1. 接发球站位

通常，对方可能把球发到的角度的分角线上，是接发球的理想站位。这并不是固定的，要根据实际情况进行适当调整。除此之外，为了在压制对手上网的同时为自己创造上网的机会，底线里边0.5米左右处是较为理想的站位。

2. 接发球击球方法

（1）通常可以通过平击抽球的方式来回击球，球的落点以对方底线两角为最佳。

（2）借助旋转，使球旋向两边线外，从而使对手在两边来回奔跑。

（3）借助切削球的打法，将球的落点定于近网两角的位置。

（4）借助挑高球的打法，将球挑过发球上网者头顶等。

3. 右区接发球的站位和落点

（1）站位。底线偏右的位置较为理想。

（2）落点。如果对方发球后仍留在端线处，那么接发球的落点，如图4-3所示的3个落点皆可使用。

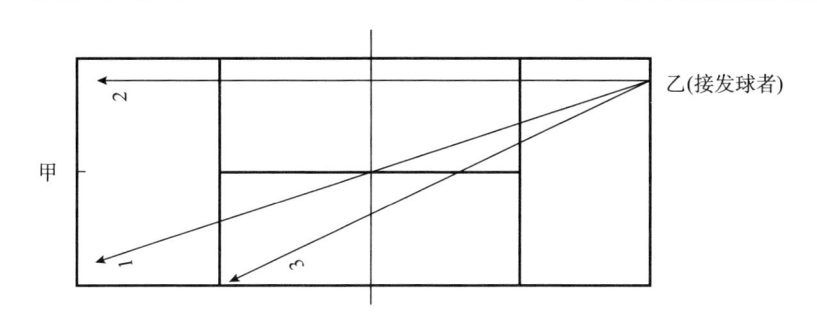

图 4-3 右区接发球的落点示意图

4. 左区接发球的站位和落点

（1）站位。理想的站位是对方可能发出角度的分角线上，具体的位置在底线偏左。

（2）落点。接发球落点可以有三种可能，其中，第 1 落点为底线附近；第 2 落点为发球区附近；第 3 落点为底线（见图 4-4）。具体要根据斜线球的方向来对优先的顺序加以排列。

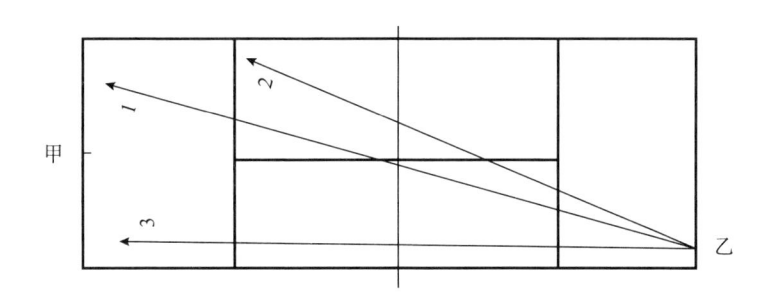

图 4-4 左区接发球的落点示意图

（二）接发球战术教学方法

方法一：甲发球上网，乙接发球回击的方式通常为直线或斜线穿越，落点控制在甲的脚下位置。为了保证教学效果，可以按照上述方法反复练习。

方法二：甲第二发球，乙接发球回击的方式为正手进攻性击球，落点控制在发球方底线的角落，也可以通过慢速击球的方式，将落点控制在对方底线附近，然后借机上网。为了保证教学效果，可以按照上述方法反复练习。

方法三：甲可以通过各种各样的发球方式，将球的落点控制在乙的正手或反手位置，然后按照既定的战术要求回击球，要注意击球的方向、深度、速度、旋转等因素都要控制好。乙回击球的方式可以是强烈的上旋球，落点控制在底线位置，也可以采用放小球的方式，增加甲后移或向前上网的难度。为了保证教学效果，可以按照上述方法反复练习。

三、上网战术教学

（一）上网战术教学内容

1. 上网时机

第一次发球是最佳的上网时机。

2. 上网站位

距离网 2 米左右的位置，是最佳的上网站位。具体要根据实际情况加以调整。比如，是近网的话，就应该将上网站位定于对方可能的击球角度的分角线上。

3. 上网战术的普遍运用

上网战术的运用是较为普遍的，尤其是随球上网，其运用的情况主要有以下 15 种：

（1）通过延缓上网法（反常上网法）的运用来对对手造成一定的威胁，将其压制于被动地位。

（2）在中场，通过准确且大力地击球或者在球的上升过程中击球的方式，压制对手，掌握主动权。

（3）通过快速上网，让对手来不及做出有效应对。

（4）随球上网。

（5）击球后，将对手有弱点的一侧作为随球上网的重点落点方向。

（6）通过各种突发情况，将球击向对方的反手位置，效果理想。

（7）较为安全的打法是直线随球上网，打斜线随球上网能够将对手调动起来不断跑动。

（8）截击前先跨步。

（9）轻吊或空中短击的使用频率要控制，否则，就无法达到将对手调至网前或出其不意的效果。

（10）步法要跟随球路。

（11）控制击出的网前球的次数，控制在3次以内。

（12）斜线移动，保持平衡。

（13）要提高警惕，尽可能洞察对手的意图。

（14）中场截击球要做到深而低。网前截击球要有一定的角度，还要保证短而有力。

（15）随时做好防止对手挑高球的准备。

4. 中场打上网战术运用

在中场运用上网战术，常见的战术打法有以下7种：

（1）截击。连续截击的次数要控制在3次以内。通过截击空当达到抢分的目的。

（2）击高球。整个过程中都要将球击向对手弱的一侧。

（3）随球上网。先打直线，随球上网，截击球落点位于空当之处。

（4）随球上网时尽量不要打斜线。

（5）对手在回击深而高的球时，要主动上去将他的直线超身球封住。

（6）对手在没有扣杀挑高球时，可以采用上网的方式，但要注意对手挑高球。

（7）对手在救轻吊球时，要及时上网封死角度。

5. 网前打战术运用

在网前运用一些战术也是较为普遍的，如果运用得好，那么所取得的战术运用效果也是较为理想的，较为具有代表性的战术打法有以下6种：

（1）当对手打出齐腰高的球时，可以采用最佳截击打空当的方法加以应对。

（2）当对手打出近网低球时，可以用低截球打中路或打角度刁钻的轻吊截击球的打法加以应对。

（3）要随时做好应对对手的超身球或挑高球的准备。

（4）当对手打出高的慢速球时，可以用空中截击或高压击向空当的打法加以应对。

（5）当对手打出很高的中场球时，可以用空中高压打空当的打法加以应对。

（6）当对手打出很高很深的球时，要用球弹起后扣杀中路并上网截击的打法来应对。

（二）网前球战术教学方法

1. 发球上网的教学方法

（1）甲发球，发球落点在乙的近身位置，乙的回击方式为正手或反手的穿越球或挑高球。

（2）甲从左区发球上网，乙的回击方式为穿越球或挑高球。甲尽量上前截击球或回击高压球。为了保证教学效果，可以按照上述方法反复练习。

2. 网前进攻的教学方法

甲在底线击球后上网，乙回击球的方式为穿越球或挑高球。甲要将网前截击或高压的机会牢牢把握住，第一次要严格规定穿越球或挑高球的方向，随后就可以随意了。为了保证教学效果，可以按照上述方法反复练习。

四、底线战术教学

（一）底线战术教学内容

1. 对攻战术

（1）采用正、反手抽击球的方式去针对对手的弱点发起攻击，要注意击球的速度、力量，从而达到压制对方的效果。

（2）用正、反手强有力的抽击球的方式，连续对对方的一个点进行压制，然后突然变换压制的点，达到出其不意的效果。

2. 调动对方战术

（1）通过正、反手有力击球的方式，将对方调动起来，使其在大角度区域进行跑动，在此过程中寻找进攻得分机会。

（2）在调动对方两边跑动时，突然连续打重复球，再加变线。

3. 拉攻战术

（1）采用正、反手拉强力上旋至对方底线两边大角深处的方法，占据主动权，切断对方上网及底线起板反击的机会，然后在此过程中寻找时机进行突击。

（2）正、反手拉上旋球时，加拉正、反手小斜线，迫使对方的跑动距离增加，回球质量下降，在此过程中伺机进攻。

（3）逼近对方反手深区，伺机突拉正手。

4. 侧身攻战术

（1）采用连续正手攻击的方式，创造得分机会。

（2）通过正手进攻的方式，将对方调动起来不断进行移动，用反手控制落点，然后寻找机会用正手突击进攻。

（3）用全场正手逼攻对方反手，再突击变线正手。

（4）用正手进行攻击时，采用连续重复球的打法，压迫对方，使其重心不稳，动作质量降低，进而出现被动或失分。

5. 紧逼战术

（1）接发球时紧逼抢前进攻，不断压制对方，使其心理上产生压力，并且来不及准备下一次接球。

（2）连续压制对手反手，然后换正手进行突击进攻，伺机上网。

（3）对对方两角进行紧逼压制，使其处于被动地位，或使其回球质量下降，出现失误，再伺机上网。

6. 防守反击战术

（1）对方发球上网进攻时，可以用迎上借力击球的方式进行应对，要把球打到对方脚下或两边小角，然后准备第二板反击破网。

（2）如果对方采用的是底线紧逼进攻战术，那么就可以用底线正、反手上旋球打至对方底线两边大角深处的方式加以应对，再伺机反击。

（3）如果对方随球上网进攻，那么应对的方式为提高底线破网第一板的成功率和突击性，以及破网的质量，伺机进行第二板破网反击。

(二) 底线球战术教学方法

(1) 当甲击浅球，乙需要前冲，采用正手击球的方式并随球上网。为了保证教学效果，可以按照上述方法反复进行练习。

(2) 甲击球的方式与比赛相同，乙则用反手击球。要将球击到对手底线的角落里。为了保证教学效果，可以按照上述方法反复进行练习。

(3) 甲击球的技术随意，乙尽可能压制对手，当甲击出浅球时，乙则采用放小球的方式回击。为了保证教学效果，可以按照上述方法反复进行练习。

(4) 甲的击球技术随意，乙则要求尽可能压制对手，当甲击出浅球时，乙要将球的落点控制在对手底线的角落里，然后上网。为了保证教学效果，可以按照上述方法反复进行练习。

(5) 甲击球技术随意，乙尽可能压制甲。当甲击出浅球时，乙快速上前击球，球的落点控制在甲底线的角落里。为了保证教学效果，可以按照上述方法反复进行练习。

(6) 每一组击球的次数以 15~20 次为好。甲击球的质量要高，尽量不出现失误，乙则要通过节奏的变化压制甲，使其出现失误。为了保证教学效果，可以按照上述方法反复进行练习。

第三节 网球双打战术教学与训练

一、双打战术概述

双打是网球运动中的一个重要项目。在奥运会的四个项目比赛中，双打就占了两项，即男子双打和女子双打。在亚运会比赛的七个项目中，双打占了三项（男、女双打及混合双打）。在男、女团体赛中的第三场也都是双打，在双方势均力敌时，双打的胜负往往会对全局的成败起着决定性的作用。因此，练好双打也是非常重要的。

双打比赛是在发挥个人单打技术的基础上互相配合进行的。但网球双打与单打战术特点截然不同，双打的特点是网前的争夺战，谁控制了网前的制高点谁就有更多的进攻得分机会。同时，双打对技术及各方面的要求也很高，例如，发球、接发球的水平；场上的反应判断能力；网前处理球的能力；进攻及防守反击的能力；等等。这些技术及各方面的能力需在平时加以训练和培养。[①]

（一）双打比赛的益处

1. 双打比赛对青少年的益处

双打比赛对培养青少年选手有以下益处：

（1）提高运动员全面的打法。

（2）给予运动员打网前球的信心，因为，每人只防守半个场地。

（3）鼓励运动员采用进攻型打法，尤其是发球上网截击。

（4）给运动员提供了比单打比赛时角度更大的打法的机会。

（5）提高运动员稳定而准确的接发球能力。

（6）提高运动员快速反应的能力。

（7）鼓励配合默契和相互呼应，它迫使运动员相互合作。

2. 双打比赛对职业选手的益处

双打比赛对职业选手有以下益处：

（1）在团体比赛中（戴维斯杯），双打往往是决定胜负的。

（2）提供额外的练习时间和额外的奖金。

（3）双打排名高可以省钱，因为参加双打正选赛的选手即使未能取得参加单打比赛的资格，也能享受比赛期间的免费接待。

（4）双打比赛中获胜（如战胜排名高的单打选手）可使运动员在单打比赛中有惊人的突破，增加信心。

（二）双打的配对

选择双打的配对是一个重要的决定。组成一对好的双打组合，除了技战术

---

① 刘学哲，张虎祥，吕超. 高校网球教学理论与技能训练研究［M］. 长春：吉林大学出版社，2012.

应相互补充之外,更重要的是每个选手都是另一名选手在场上的个性的补充,因为两个选手之间应该相处融洽。当挑选一对双打选手时,两个选手之间应相互了解,尤其是他们在压力下比赛时所表现的反应类型和行为方式。

成功的双打配对常常是由个性截然不同,但又相互补充的选手组成,这种个性的差别常常是配对的长处,而非短处。应该给予时间让他们相互了解并讨论每个选手在处于压力的情况下如何做出反应。出现这种情况时,重要的是每个选手应相互支持,稳定情绪,明确方向。

鉴于上述理由,可能有必要与不同风格的同伴试验搭配(风格不同、个性不同等),以便力求确定何种类型的选手能做你的最佳搭档。

确定配对时,在比赛中,应遵循以下三点:

(1)实力强的选手通常应打反手一侧,因为通常在这一侧能得更多的局分。

(2)左手握拍选手,通常应打左侧,两名选手的反手比正手都好的情形除外。

(3)擅长打右场或左场的选手,应该打擅长的一侧。

(三)双打战术的发展趋势

随着网球技术的不断提高,现代网球双打战术正朝着更加积极快速进攻的方向发展。其特点是"以攻为主、快速灵活、积极抢网、默契配合、战术多变、狠巧结合"。充分发挥两人技术上的优势,全力争取上网抢攻取胜,把双打整体攻防能力提到了空前的水平。具体表现在以下四个方面:

1. 发球局坚决运用双上网抢攻战术

(1)目前世界高水平的双打发球局战术无论第一发球还是第二发球时,都毫不犹豫地运用双上网抢攻战术,即使在女子双打和混合双打比赛中也不例外。发球员不上网或上网稍慢就可能被接发球者抢攻而处于被动。失去网前的优势则是双打失利的预兆。

(2)为了保证发球局网前抢攻的优势,发球员掌握好发球技术是至关重要的。双打比赛中对发球有特殊的要求,它的攻击力不仅表现在力量上,在落点与旋转的变化上,只要与同伴配合默契,同样可以达到主动得分的目的,要求第一次发球的命中率较高（一般在80%左右），第二发球为了保证上网进攻，在力量不减的情况下，增加旋转和更准确的落点，可以为上网抢攻创造有利的条件。

（3）发球局网前逼抢得凶：强有力的发球配合网前截击，很少丢失发球局。这是高水平双打的重要标志，即使在抢七的短盘决胜局中，发球分也不能轻易丢失，以保证优势地位。

2. 接发球局的战术新特点

（1）接发球局的抢攻意识明显提高。过去双打接发球局两人站在底线严密防守期待对方在网前失误而取胜的时代已一去不复返了。不给予发球方强有力的反击并创造条件上网进攻很难打破对方的发球局，即使你的发球局都能取胜，不抢破对方的发球局也无法取得比赛的胜利。我们要求的攻守兼备或能攻善守在双打战术上的体现，就是发球局与接发球局的相对平衡，接发球局太弱，缺乏反攻意识和能力则无法达到高水平。

（2）接发球局战术新特点。①接发球站位与打法：为了破坏发球方的双上网抢攻战术，缩短回球时间，双打接发球站位比单打更向前些，接第二发球则更有抢攻紧逼的势头，接法轻重结合，打法与落点变化多，动作隐蔽，使对方很难判断。多变的接法与同伴默契的配合，具有强烈的反攻能力。②接发球同伴抢网凶狠：接发球的同伴站在接球员的另一侧的发球线附近。一旦接发球得手造成对方被动，同伴就抢网进攻，变被动为主动，破坏发球方的上网进攻节奏。过去发球方网前队员在背后用手势给发球员传达抢网意图的暗号已发展到接发球员同伴在中场也同样暗示给接球员，以达到配合抢攻的目的，使发球方产生心理上的压力。双上网抢攻战术从发球局发展到接发球局，是现代高水平双打战术的显著变化。③接发球抢攻奏效可迫使发球方被动，抓住战机抢占网前有利的进攻点反扑，虽然与发球方有远近网之分，但快速的网前截击的质量和落点决定着网前的优势，处理得当完全可以突破对方的发球局。

3. 双打网前的争夺愈加激烈

双上网，两人并肩保护场地的宽度比单打窄1/3还多。两人一旦占据有利的进攻位置，创造出进攻的条件，就可以争取时间和空间在近网大角度扣杀截击得分。可以这样说：谁抢占了网前的有利位置，谁就能控制场上的主动权。怎样才能创造上网进攻的条件就成为大家最关注的问题，于是发球—接发球、截击球—破网技术、高压球—挑高球等相互对抗和相关技术成为双打战术的基础。不具备这些精湛技术和娴熟默契的配合能力，双打网前战术就是一句空话。它与单打战术相比，除了发球与接发球的特点有所不同之外，底线正反拍抽击技术的使用率和重要性减少了，取而代之的是网前技术（包括中近场截击、反弹球、高压球）和破网反击技术（包括破网和挑高球）。

4. 高难技术在双打战术中起着决定性的作用

由于双打双上网抢攻，有时4人在网前短兵相接，击球节奏比单打快，在击球的应变能力和难度上都比单打要求更高。双打的场区加宽，击球的角度加大，在场区外回击球的机会增多。如准确的大力旋转发球、为应对对方抢网的变化多端的接发球、快速的网前截击、强上旋破网和挑高球、中场的低截击和反弹球、近网截击对攻和变化的截击挑高球、放轻球等在单打比赛中很少运用的技术，大都能在高水平的双打比赛中出现。正是以这些在快速对抗中的高难技术组成的积极快速进攻的双打战术，把网球双打推向前所未有的高水平。

当代高水平网球双打战术充分体现着"快、狠、准、巧、全"的风格特点。攻防的对抗能力不断增强以及转化速度和节奏不断加快，推动着双打技战术向更高水平发展。

二、双打战术的特点

（一）密切协作，默契配合

双打是两人配合的比赛项目，从实际情况出发，针对对方的情况制订相应的双打战术方案是十分必要的，但在比赛过程中预订战术的实施要靠两人的密切协作与默契配合。由于双打战术的机动性和变化性比单打复杂得多，所以无论是在高水平的双上网的对攻战还是中低水平的攻防中能做到瞬间的默契配合是很不容易的，而这一点正是双打战术最突出的特点，也是双打战术成功与取胜的关键。为什么有些优秀的单打选手双打的成绩却平平呢？除了单双打属于两种不同的战术体系之外，有些单打选手在双打中缺乏密切的协作意识是造成比赛失利的主要原因，而"默契配合"是建立在两人相互了解和信任的基础上、在长期配合中逐渐磨炼出来的。好的双打配对应紧密合作、互创条件、扬长避短、相辅相成，在场上有呼有应、相互鼓励，即使由于实力不如对方而失利，两人合作也是愉快而融洽的。

（二）双打与单打的区别

双打比赛虽然是在发挥个人单打技术的基础上，相互配合进行的，但是网球的双打与单打战术特点截然不同，两者之间有很大的区别。

整体而言，双打比赛以网上截击为主，而单打则以打落地反弹球为主，两者的打法、形式均不相同，存在着很多区别。双打是由两人组成以截击为主的绝对有利的阵形来完成比赛，而单打则依靠在底线打落地反弹球来完成比赛。单打上网时防守范围比双打要宽广许多，因此防守相对比较困难，对手也就有机会把球打到脚下或者打出穿越球。具体区别如下：

（1）一般单打第一发球的力量较大，多用平击的大力发球，因此命中率比较低；而双打要求发球上网（特别是男子双打必须发球上网），要求第一发球的命中率在75%以上，并强调落点位置。所以多采用命中率较高的切削发球或上旋发球，落点应在对手的弱点上，以利于上网或给同伴截击创造机会。

（2）单打战术要求尽量把球击向场地两角深处，球过网的高度可在1.20~1.53米，而双打要求把球打低些，打好落点球，防备对方截击。

（3）双打比赛挑高球的应用比单打多，高压球的机会也多，因此双打运动员应更加注重截击和高压球技术的提高。

（4）双打经常出现双方4人同时上网，短兵相接，激烈对攻。由于往返球速快，运动员的反应也必须更快，动作迅速，判断要准确。双打中可采用二打一的战术，多攻对方较弱的选手。

（5）双打时，两个人的优缺点可以相互补充；而单打则必须靠一己之力来克服本身的弱点。

三、双打比赛中战术的运用

在双打比赛中，发球局与接发球局的战术有着明显的区别，对这一点要有清醒的认识。同时，在制定双打战术时要充分考虑两人的技术特点和实战能力，不能简单地以单打战术来代替双打战术。一方面要加强技术优势，另一方面要回避技术薄弱环节。在此基础上要认清认准对方的薄弱环节，坚持攻击。双打比赛战术可分为两大类，即发球局战术和接发球局战术。

（一）发球局战术

1. 发球人控制底线

发球人控制底线，其同伴网前截击，主要适用于底线球技术好、威胁大并能为网前同伴制造得分机会的队员发球轮次。其战术特点是底线队员回球具有抑制对方进攻的能力，并在回合球中占据主动，一方面可以底线直接得分，另一方面通过底线击球制造机会由网前队员一击绝杀。在战术实施中要注意对方双上网时具有有效破网的手段和能力，可利用上旋高球吊其后场，也可以利用对方空当穿越破网。在对方位于中场位置时还可以打对方脚跟球（落点在击球人脚附近的球）控制对方上网进攻。[1]

2. 发球后上网

此战术要求发球队员一发成功率要高，为提高一发成功率可以有意识地降低一发的速度与力量，转而以落点和旋转控制住对方，为自己上网创造条件。网前队员在守好自己一侧的基础上，也要根据对方回球积极移动进行抢网截击。

3. 发球后抢网截击

所谓抢网，是指网前队员在本方队员发球后，快速跑向自己站位的另一侧，预先等在对方可能回球的线路上，然后截击对方回球。运用此战术时要与网前队员形成默契，可以利用网前队员在背后做的手势作为抢网战术实施的信号。另外，网前队员一旦实施抢网战术，发球队员要对网前队员跑动后留下的空当进行补位防守，以防对方突然打出直线球。

（二）接发球局战术

接发球时可采用前后站位，也可采用双底线站位再伺机上网。对于接发球

---

[1] 李东祁，张清雷，史明. 网球运动技战术训练与发展研究［M］. 北京：九州出版社，2018.

一方而言，要以接好对方的发球为前提，接不好发球战术就无从实施，所以接发球战术的实施和使用关键在于接发球技术与能力。实战中对对手发球能力、网前能力、一发和二发的变化要有清楚的了解，要做到预先有了解，来球早判断，调整要及时。接发球局战术除上述两种站位方法及相应打法外，还有接发球网前队员抢网战术和接发球双上网战术。具体应用要根据队员技术能力和本方击球效果及对方回球质量而定。接发球局战术要做到既积极主动，又避免盲目性和急躁性。

1. 接发球双底线站位

接发球在回合球中控制对方进攻并伺机上网抢攻。

2. 接发球前后站位

接发球人控制好底线球，网前球员伺机截击。

3. 接发球双上网战术

接对方发球后随击球动作上网截击。

4. 接发球网前队员抢网

网前队员根据接发球队员接球情况在出现机会时抢网截击。

(三) 双打常见战术练习方法

1. 前后式站位

(1) 项目内容，如图 4-5 所示。

1) 正手斜线。

2) 正手斜线深度。

3) 正手高球。

(2) 目的：提高前后站位底线球员对抗能力和换位配合。

(3) 要求。

1) 步伐准确，移动到位。

2) 回位位置准确。

3) 动作完整。

4) 观察对方网前对手站位。

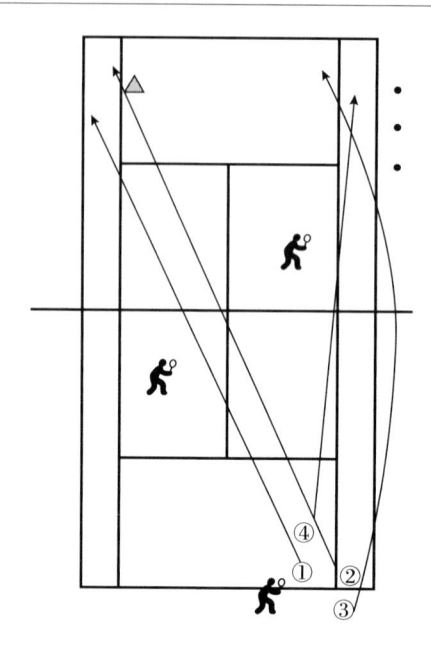

图 4-5 前后式站位底线对抗和位置变换练习

2. 前后式站位变换站位和截击练习

(1) 项目内容，如图 4-6 所示。

1) 发球。

2) 正手击球。

3) 跑动反拍。

4) 前场拦网。

5) 中场击球。

(2) 目的：提高前后式站位换位和截击能力。

(3) 要求。

1) 步伐准确，移动到位。

2) 回位位置准确。

3) 动作完整。

4) 观察对方网前对手站位。

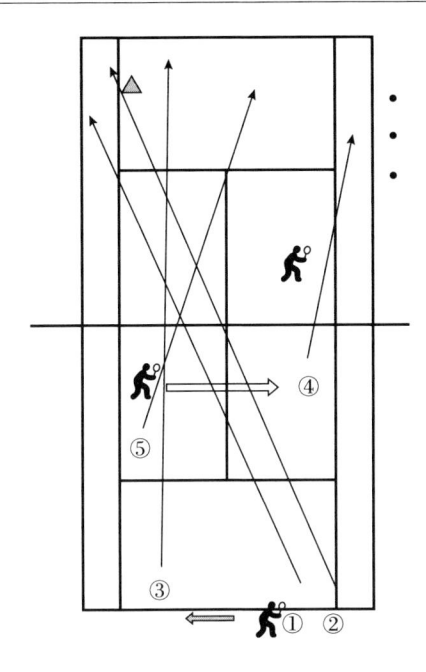

图 4-6 前后式站位变换站位和截击练习

3. 前后式站位对双上网练习

(1) 项目内容,如图 4-7 所示。

1) 正手击球。

2) 正手高球。

3) 前场拦网。

4) 中场击球。

(2) 目的:提高前后式站位对双上网的对抗能力。

(3) 要求。

1) 教练员送球后上网。

2) 第一拍瞄准教练员脚下。

3) 控制过网高度。

4) 中场球加速进攻。

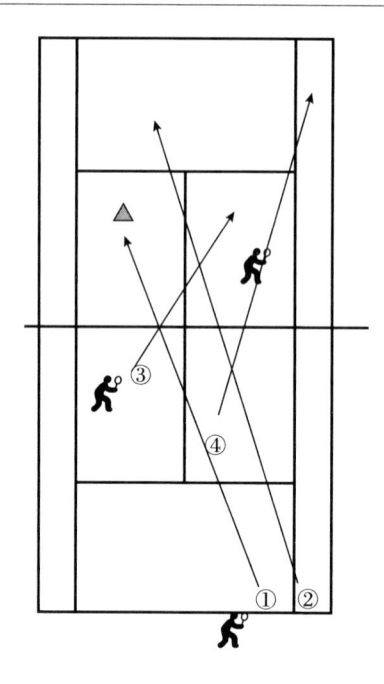

图 4-7　前后式站位对双上网练习

4. 前后式站位对双上网站位练习

（1）项目内容，如图 4-8 所示。

1）正手击球。

2）正手高球。

3）前场拦网。

4）中场击球。

（2）目的：提高前后式站位挑高球破网能力。

（3）要求。

1）教练员送球后上网。

2）第一拍瞄准教练员脚下。

3）第二拍挑高球过顶。

4）网前球员根据高球质量选择站位。

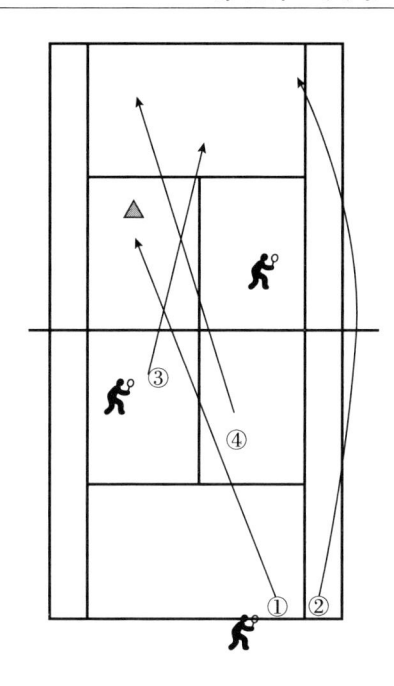

图 4-8 前后式站位对双上网站位练习

5. 前后式站位对双底线站位练习（一）

（1）项目内容，如图 4-9 所示。

1）发球。

2）正手击球。

3）正手进攻。

4）前场拦网。

（2）目的：提高针对双底线站位的对抗能力。

（3）要求。

1）发球后快速衔接。

2）底线击球瞄准结合部。

3）中场进攻落点明确。

4）网前击球瞄准前场空当。

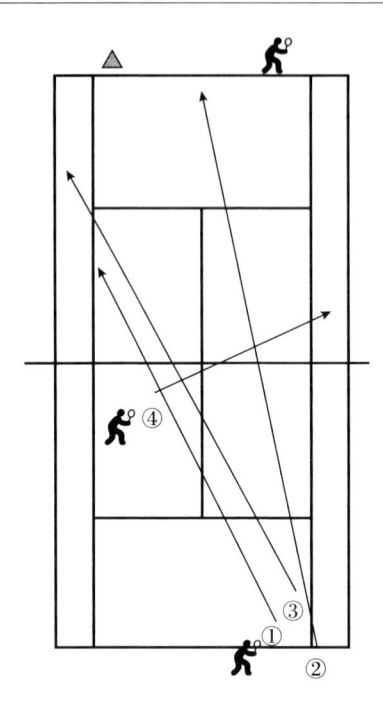

图 4-9 前后式站位对双底线站位练习（一）

6. 前后式站位对双底线站位练习（二）

（1）项目内容，如图 4-10 所示。

1）发球。

2）正手击球。

3）正手进攻。

4）前场拦网。

（2）目的：提高针对双底线站位的对抗能力。

（3）要求。

1）发球后快速衔接。

2）直线压迫限制对手击球角度。

3）直线进攻落点明确。

4）网前球员中路抢网。

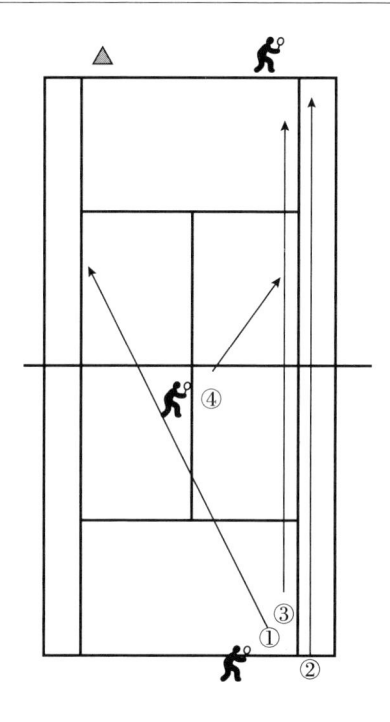

图 4-10 前后式站位对双底线站位练习（二）

7. 双上网站位对双底线站位练习

（1）项目内容，如图 4-11 所示。

1）中场拦网。

2）前场拦网。

（2）目的：提高双上网的对抗能力。

（3）要求。

1）一拦前垫步时机准确。

2）一拦中路推深。

3）前场拦网落点明确。

4）保护双上网结合部。

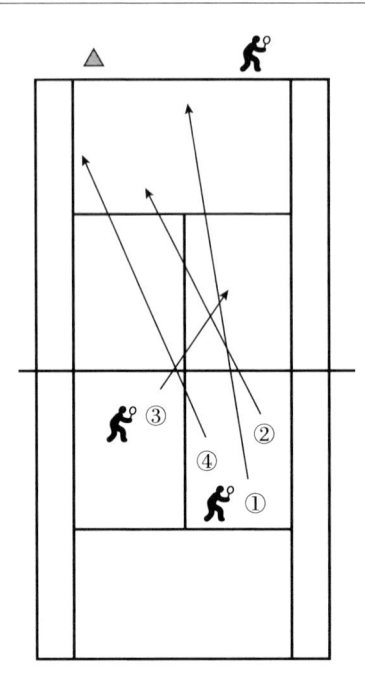

图 4-11　双上网站位对双底线站位练习

8. 前后式站位转双上网站位练习

(1) 项目内容，如图 4-12 所示。

1) 随球上网。

2) 中场拦网。

3) 前场拦网。

4) 高压球。

(2) 目的：提高随球双上网的对抗能力。

(3) 要求。

1) 一拦前垫步时机准确。

2) 一拦中路推深。

3) 前场拦网落点明确。

4) 高压球落点明确。

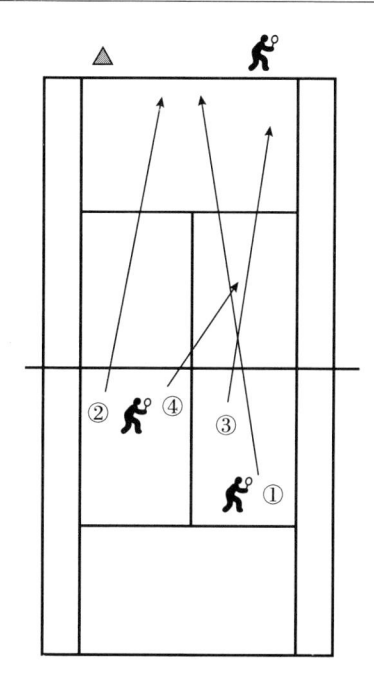

图 4-12 前后式站位转双上网站位练习

第五章 青少年网球运动员的身体素质训练

第一节 网球运动中身体素质训练的重要性

一、身体素质在网球运动中的作用和意义

(一) 身体素质是选手承担激烈比赛与训练的基础

网球运动是一项动作精细、对抗激烈、技战术复杂多变、对体能和心智能力要求较高的技能与体能同时主导的隔网对抗性项目。作为职业化、商业化程度最高的运动项目之一，ATP、WTA 网球职业比赛每年各有 60 余站，分布于全年前 50 周，比赛在不同的场地（硬地、草场、沙土场）进行。高水平的职业选手要维持较高的国际排名一般每年要参加 20 站左右的比赛，平均每 2~3 周就要打一次比赛，有时连续参赛 4~5 周，每周打一站比赛，而每一场比赛一般都要历时几个小时，据统计，在一场历时两小时的高水平网球比赛中，选手必须在攻与守、控制与反控制对抗中，忽左忽右、忽前忽后地完成各种急停、起动、移动、跨跳、挥拍击球等快速动作千余次。选手在运动中速度的快慢，力量的大小，耐力、灵敏等素质的好坏，都直接影响着运动成绩的优劣。

双方选手在长时间内快速、多变、大负荷的对抗，对身体素质能力要求极高。

因此，体力一直是影响网球选手临场技战术水平发挥的重要因素。比赛开始，由于体能状况良好，通常能保持一定的速度，正常发挥技战术水平。随着比赛激烈程度的不断加剧，选手体力消耗加大，尤其是到比赛争夺最激烈的时刻，通常因体力不支，选手会表现出技术动作变形、主动失误增多、速度明显减慢、受制于对方等现象，从而导致比赛失利。体力问题一直是网球竞赛中普遍存在的问题，体能素质训练是一切训练的基础。[1]

（二）身体素质是提高技战术水平的基础

身体素质能力是提高、发挥和保持竞技能力的先决条件。网球技战术水平的高低与身体素质能力的强弱有着密切关系，选手身体素质能力强，有利于掌握复杂、先进的技战术。相反，选手的身体素质能力弱，即使具备一定的技战术能力，而其发展最终也会受到体能素质的局限，不能充分施展娴熟的技战术。实践经验表明，技战术水平与专项身体素质水平是成正比的，技战术水平高的选手，通常也具备相应的专项身体素质能力。专项身体素质能力越好，越能促进技战术的提高。相反，如果上下肢不协调、灵活性差、肌肉力量弱，缺乏爆发力，判断反应慢，就很难掌握先进、高超的技战术。

（三）身体素质对预防运动损伤和延长运动寿命的积极作用

网球运动项目的特点，决定了选手机体在训练和比赛中要承担极大的运动负荷。通常身体在负荷后出现疲劳，其薄弱部位就容易受到损伤，从而影响运动寿命。加强身体素质训练，提高身体素质水平，增强抗疲劳能力，就能减少和防范运动损伤的发生。

身体素质的提高是靠机体形态改变和机能提高来实现的，选手在训练过程中承受负荷越大，身体素质训练水平越高，身体结构改变就越深刻，身体突破极限程度也越大。选手身体素质越强，运动机能水平也就越高，保持专项技战术运动能力的时间也就越长。加强抗疲劳程度，能有效避免和减少运动性损伤的发生。[2]

---

[1] 韩春远. 中国青少年网球体能训练指南［M］. 广州：广东高等教育出版社，2018.
[2] 李方江. 青少年网球运动快速入门［M］. 北京：光明日报出版社，2014.

(四) 身体素质训练是培养顽强意志力的重要途径

身体素质训练是向极限挑战的过程，也是一个异常艰苦的过程。一方面训练负荷大，需要有极强的毅力来战胜自我，克服身体的惰性，经受运动极限冲击；另一方面身体训练往往比较单调、枯燥无味，与其他训练相比，选手往往会有"畏惧"心理。因此，身体素质训练是锻炼和增强选手意志力的一种重要手段，通过艰苦训练，增强和提高各项运动素质，同时还能培养选手在训练和比赛场上不怕苦、不怕累，勇猛顽强、百折不挠、迎难而上的意志品质。

(五) 良好的身体素质是树立信心的重要保证

由于训练方法、手段不断进步和完善，选手身体素质水平全面提高，技战术越来越完善，对抗速度也越来越快，促使现代网球运动竞技水平向着越来越高的方向发展。高水平选手的技战术全面，几乎没有明显的弱点，竞赛中仅靠一两拍就轻易击破对手防线的情形已经不存在，每一分球的争夺都非常艰苦。如果选手没有良好的身体素质作保障，体力跟不上竞技的需要，在场上经不住多拍的调动与抗争，就会因体力不支而失去与对手周旋和对抗的信心，产生急躁情绪，主动失误增多，出现不攻自破的局面。如果训练有素，有充足的体能保障，就有耐心、有决心、有能力与对手周旋到底。

二、网球运动发展趋势对身体素质的影响与要求

网球运动的发展现状，集中体现了当今人类体能与技能的一系列变化，反映了当今科学技术的发展和社会进步的成果。

(一) 身体条件和体质的变化对身体素质的影响与要求

随着生活水平的不断提高，人们的身体条件和基础体质普遍比过去明显增强。我们从网球选手身高数据中就能看出这一变化：女子选手的平均身高由20世纪的1.65米提高至1.73米，男子选手的平均身高也由过去的1.75米提高至1.83米。基础身体条件和体质的变化使选手在身高、速度、力量、耐力等方面均有长足的进步，训练水平提高，承受训练强度的能力发展了，因此提升了现代网球运动的对抗竞技强度。

高水平的训练促使选手身体素质提高，选手身体素质的提高又促使运动能

力增强，刺激选手间的竞争，选手需要不断打破现有平衡，向身体的更高极限挑战，才能从众多选手中脱颖而出，获得更好的专项运动成绩。

（二）运动器械的变化对身体素质的影响与要求

球拍革命对男子和女子的比赛带来了很大的影响。男子的发球时速通常在193千米/小时~209千米/小时［120英里（1英里=1609.34米）/小时~130英里（1英里=1609.34米）/小时］，水平高的女子也可以达到161千米/小时~193千米/小时［100英里（1英里=1609.34米）/小时~120英里（1英里=1609.34米）/小时］，正手击球技术也有了很大的发展。运动员采用半西方式握拍和开放式站位来正手击球。利用大幅度的转肩来完成引拍，身体几乎侧对目标，将重心落到后腿上。击球点在身体的前面。随挥时，球拍快速在体前交叉。随挥结束时，髋部转动带动后腿向前上步。快速向上挥拍可以使球产生强烈的上旋，这使得现代的正手击球技术真正地成为一项得分武器。双手反手使许多运动员的身体两侧都具有攻击性。例如，阿加西就是一个很难对付的运动员，他的身体两侧都可以进攻。在高水平的男子选手中，使用单手反手的运动员和使用双手反手的运动员的数量几乎是相等的。由于握拍的原因，单手反手同样可以大力击球。拍线的主要目的是将来球的能量转换成拍线的变形，然后用拍线形变所储存的能量将球打回去。[①]

随着科技的发展，合成线有了很大的改进，羊肠线的耐用性也增强了，随着拍线的变化，弹性越好、张力越低，球和拍线接触的时间就会越长，可以降低手臂对最大力量的感觉，就不容易造成损伤。但是由拍框和拍线带来的震动就会给力量薄弱的选手带来伤害，所以对身体素质能力的要求不断提高，以保证身体承受更大的运动负荷。选手要想在比赛中获胜，必须使身体素质水平适应和跟上现代器材的发展，才能保持运动的"和谐"。

（三）科技手段与科学化训练的变化对身体素质的影响与要求

科学技术的进步，为竞技训练提供了坚实的后备保障。训练科学化程度的提高、训练手段的更新，促使选手们在训练中不断挖掘运动潜力，以满足竞技

---

① 石磊. 青少年体育素质教育——网球［M］. 北京：中国戏剧出版社，2008.

运动水平不断提高的需要。以摄像机为例，过去训练中很少出现，只在科研所里运用于科学研究，没有普及和运用到训练和教学中。因此，过去的训练多以经验指导训练为主，很少参照科学数据。

如今，科研工作者广泛介入训练实践，体育运动中借助先进电子设备帮助选手分析复杂的技战术，从而提高运动技能的现象已很普遍。与此同时，广大教练员和运动员科学文化知识提高，教练员拥有大专以上文凭的比率较以往大幅度提高。文化素质的提高，使运动者整体综合素质较以往有很大的提高。加之科研手段的介入，设备和仪器不断发展，训练方法也不断获得更新和发展，对运动竞技训练的发展与提高起到了很好的促进作用。在科学技术手段的监控下，训练方法更加符合人体结构特点，训练负荷更加讲求科学性，训练效率高，效果好，选手的潜能被不断挖掘，竞技水平不断提高，运动寿命也得以延长。

（四）技战术的变化对身体素质的影响与要求

科学技术的发展，促使网球选手的运动技能高速发展。过去一些不可能运用的技战术，现在也普遍出现在赛场上，表现出选手控球能力加强，击球力量越来越大，击球速度越来越快，击球落点越来越刁钻，击球变化也越来越多；技战术水平提高，选手间差距在缩小，技战术和心理对抗程度增大，竞争加剧，对选手身体素质能力也提出越来越高的要求。优秀选手不但要具备娴熟、全面的技术，灵活、快速、多变的战术，而且更要有良好的身体素质作保证，才能在紧张、激烈的比赛中，保证高超技战术水平的发挥。

综上所述，网球运动中身体素质对运动员比赛成绩的影响力占有越来越重要的位置。竞赛双方除了个人技术、战术和心理素质能力的较量外，在很大程度上是身体素质能力的较量。身体素质作为决定选手成败的因素之一，直接影响着技术与战术的运用、心理的承受，从而决定比赛的最后胜负。因此，根据网球运动的规律并不断提高技术和战术水平，必须努力将提高身体素质能力同发展技战术和心理素质能力放在同样重要的位置上，这样才能适应新时期高水准技术发展的需要。

三、身体素质训练的基本原则

(一) 科学性原则

科学训练对培养选手取得成功至关重要。训练方法合乎科学规律，运动竞技能力就能迅速提高，成才率就高；训练缺乏科学性，运动竞技能力便会提高缓慢，成才率就低。科学地安排身体素质训练，至少要处理好两方面关系：

1. 身体训练与身体素质发展敏感期的关系

掌握和遵循身体素质发展敏感期规律，是身体素质训练取得良好效果的重要保证。力量、速度、耐力、灵敏和协调等身体素质都有其发展的敏感时期，训练内容要围绕各种素质发展的最佳时期，有目的、有重点地安排。如少年儿童的身体素质训练，重点是发展柔韧性、协调性、灵敏和速度素质，应避免大力量和高强度的耐力素质训练。青少年时期的身体素质训练，可重点发展力量和耐力。根据身体训练和身体素质发展敏感期的基本规律，科学地选择训练方法、训练手段，有针对性地为不同选手安排不同时期和不同训练层次的身体素质训练，会使训练更具科学性、逻辑性、针对性和实用性，利于收到良好的训练效果。

2. 身体训练与负荷的关系

科学合理地安排运动负荷，是提高运动水平的重要因素。运动负荷指人体在训练和比赛中所承受的生理负荷量，它由运动强度、时间和数量等关联因素组成，并受动作质量的影响。运动中动作质量好，负荷就高；动作质量不好，运动负荷就会受到影响。负荷大的训练，机体反应强烈，超量恢复也就更明显，人体机能水平提高就显著。

根据人体机能提高呈波浪形上升的运动规律，身体素质训练中的运动负荷量要循序渐进地加大，经过一段时间的巩固，待身体适应了此种负荷量后，再逐步加大。具体负荷量的安排应大、中、小合理交替进行。衡量负荷量的适宜标准是身体在一定的疲劳情况下，仍然处于适度的兴奋状态，从而不断提高和扩大工作能力。在一般训练期，身体素质训练采用数量多、强度小的形式进行。而在比赛期,则采用练习时间短、数量少、强度大的形式。[①]

（二）长期性原则

网球选手身体素质能力的训练和培养是一个长期的系统过程,贯穿训练的始终。可以说只要有训练,就一定有身体素质的训练。优异的运动成绩,是选手多年从事不间断的、长期的系统训练,随着身体素质的提高和技术动作的完善而获得的。如果违背这一原则,就不可能获得高竞技水平。因此,从基础全面身体素质训练开始,就应有长期的、全面的、系统的、不间断的、循序渐进的训练思想。

在这一训练思想指导下,在练习初始阶段,选手身体素质基础较弱,机体承受能力较差,身体素质训练必须由浅入深、由易到难、由简到繁地进行。训练负荷量也应由小到大、由轻到重的合理安排。高级训练阶段,经过多年的严格训练,选手的机体已产生适应性的变化,能承受专门化训练时,则可大力加强专项身体素质能力的培养训练。进入尖端训练阶段,随着选手训练年限的增长,应注意加强保护性的身体素质训练内容。

（三）因人而异原则

因人而异原则指在身体素质训练中依据每位选手的具体情况来确立训练任务、选择训练内容。合理运用因人而异原则,对提高教学训练质量有着重要意义。无论是在一个班、一个队还是一个群体里,每位选手都具有不同的特点,如年龄、个性、特长、训练水平、原始身体条件和成长环境的不同等,教学训练的任务、要求、内容、负荷量和训练方法手段的选择,都应注意针对选手的不同特点,遵循因人而异的教学训练原则,加以区别对待。

随着训练年限的增加、训练客观因素的变化,教学训练的任务、要求、内容、负荷量和训练方法手段等也要注意相应的调整和改变。要求训练指导者了解、分析并研究选手的个体差异,制订训练计划时既要考虑到整体的统一要求,又要考虑到个人的不同特点和不同要求,做到因材施教、区别对待。这样拟订的训练任务、指标,安排的训练内容和方法才会更加切合实际,也才能收

---

① 石磊.青少年体育素质教育——网球［M］.北京:中国戏剧出版社,2008.

到更好的教学训练效果。

（四）全面性和专门性相结合原则

全面性身体素质训练是指运用各种身体练习的方法和手段，使选手身体各器官的机能得到普遍提高、身体形态得到全面改善、身体素质能力得到全面发展，为日后提高网球专项运动技能打下坚实基础。专项身体素质训练指在身体素质训练的手段和方法上，采用与网球运动特点及技术动作相同的方式，辅以专门的辅助练习，发展网球运动所需的专项身体素质能力。

训练过程中，科学地安排一般和专项身体素质训练时要视选手的实际状况、年龄的大小以及训练水准的高低而定。人体各器官、系统的活动是相互联系、相互制约的，当各器官、系统机能都相应得到提高时，有机体的工作能力和承受负荷能力才能得到全面提高。然而，当技术水平提高到一定的程度时，通常其他素质又会出现相应的不足，或使机体内各器官再次出现不协调，从而使技术水平出现暂时的停滞现象。这时专项身体素质训练应在全面身体素质训练的基础上，两者紧密结合，通过加强专项身体素质的训练，再次加大负荷刺激，打破机体旧的平衡状况，建立新的平衡体系，促使运动技术水平达到新的高度。

选手的训练时限和训练水平不同，全面与专项身体素质训练的内容和比例也应有所区别。选手训练的初级阶段，还没有接受正规严格训练，身体素质能力较薄弱，因此这一阶段应重视全面身体素质的发展，为将来打好基础。如果这一阶段的教学训练过分地强调专项身体素质能力的训练与提高，那么会使选手的局部肌肉负荷过重，出现疲劳，导致损伤。从原则上讲，训练水平较低、年龄较小的选手，全面身体素质训练应多一些，以发展全面身体素质能力为主，发展专项身体素质能力为辅，重点是打好身体素质全面基础。对于训练程度高、年龄相对较大的选手，专项身体素质训练的比例应相对大一些，同时全面身体训练也不可停止或忽略。

四、身体素质训练的注意事项

（一）要从实际出发

身体训练必须从实际出发，在全面安排解决共性素质的同时，要注意因人而异。

（1）人的素质发展总是不平衡的，在发展各项身体素质时，要根据每个人的具体情况有所侧重。

（2）由于不同运动员的网球技术类型不尽相同，对身体素质的要求也有差异，因此在安排身体训练时，应考虑每个运动员的技术特点。

（3）要根据运动员的年龄、性别和原有的身体素质训练水平来安排运动负荷。

（二）要与专项特点相结合

（1）根据网球运动项目的特点，在发展各项素质时，要有轻重缓急之分。例如，在发展灵敏、速度素质和耐力素质时，灵敏、速度素质训练的比重要大于耐力素质训练。当然这并不意味着耐力素质对于网球运动不重要。

（2）根据不同训练阶段或技术训练的需要，有重点地安排身体训练内容。如在技术训练的某阶段，要提高移动中正手抽球的能力，可在专项素质训练时，多安排一些发展步法移动速度和步法起动速度的练习。

（3）身体素质训练运动负荷量和强度的安排，应适应网球竞赛的实际需要。

（4）在身体素质训练所采用的练习形式上，要尽可能接近网球运动的技术特点。

（三）选择合适的训练手段

身体素质训练手段的选择，应尽可能做到"一举两得"。如"变速跑"不仅可以发展耐力素质和速度素质，而且也与网球运动的移动特点相适应。

（四）要考虑各项素质练习之间的相互关系

进行身体素质训练时，要考虑各项练习之间的相互关系，合理安排各练习的先后顺序。例如，发展速度、灵敏素质的练习，应安排在前面；而发展力量、耐力素质的练习，则应安排在后面。又如，在进行挥拍、步法移动和腰背肌肉力量练习时，应将几个练习穿插编成组，进行分组循环练习，以利于身体各部肌肉能轮流得到积极性休息。

（五）要充分利用各种素质之间相互促进的关系

在进行身体训练时，要充分利用各种素质之间相互促进的关系，尽量避免它们之间相互制约。如选择发展耐力素质的较长距离跑时，如练习次数过于集中，跑后又不注意进行一些快跑练习和快频率的动作练习，就容易导致动作速度和快速动力定型的消退，使速度和爆发力下降。

又如，力量训练对提高速度有良好的影响。但是，只有结合专项特点来发展某些肌群的力量，才能对提高成绩有意义，如果片面采用大负荷的力量练习，往往会降低肌肉的弹性和放松能力，使速度的发展受到不良影响。因此，在训练中必须注意尽量避免各素质相互制约的一面，而充分利用它们之间相互促进的一面。

（1）进行速度练习后，可进行弹跳力的练习。这两种练习，有利于使中枢神经系统的机能协调起来，促进两种素质都得到提高。

（2）进行耐力练习后，要及时做些快跑或快频率的动作，以防止速度素质的下降。

（3）进行速度练习之前，可适当进行一些强度稍大的短跑练习，或强度稍大的上肢动作练习，以利于提高神经过程的兴奋性，使训练取得较好的效果。

（4）进行灵巧性、协调性的练习，最好安排在运动员精力充沛的情况下进行。因为只有精力充沛，中枢神经系统的兴奋和抑制过程才比较强且均衡，准确性才高。在这种条件下，才有利于发展灵巧性、协调性和掌握精确的技术细节。

（六）要注意运动负荷量和强度之间的关系

运动负荷是指训练带给人体的生理负荷。决定运动负荷大小的主要因素是负荷量和负荷强度。负荷量是指完成练习的数量、次数、组数、时间、距离和重量等。负荷强度是指完成每个练习的速度、练习的密度、负重量以及以较大的速度或负重量进行的练习在全部练习中所占的百分比。负荷量和负荷强度两者是相互联系、不可分割的，负荷强度反映了练习的紧张程度和对运动员身体影响的大小。但有一定的量就有一定的强度，量太小，强度的影响就受一定的限制；强度大了，量的加大也受到一定的影响。强度对运动员机体的影响比量重要。在安排运动负荷时，量和强度的提高和降低，在保证动作质量的前提下，要相互配合，科学合理。一般情况是，强度越大，量越小，强度适中，那么量可以加大。

有节奏地不断加大运动负荷，这在现代训练法中有着极为重要的意义，身体素质训练也不例外，其运动负荷也是逐步加大的，它是以波浪与曲线的形式上升的。

在训练的各个不同时期，量和强度的变化是呈交叉式的。如在训练期的前段，练习的数量较多，时间也较长，但强度相对较小；而在训练期后段，则练习的数量和时间相应下降，而训练强度却逐渐上升。当进入决赛期时，练习的数量进一步下降，然后稳定下来，强度进一步上升，然后也稳定下来，这时训练强度就成为提高专项素质水平的主要因素。当进入一个新的训练周期时，总的身体训练量又逐渐超过上一个周期。[①]

（七）务必要防止运动损伤

在身体训练中，教练员应时时注意防止运动员受伤。练习开始前要做好充分的准备活动，练习中要对场地、器械进行检查，并对运动员提出在练习中必须保证正确的练习动作。练习后要进行有关部位的反向活动，使在训练中长时间收缩的肌肉能得到拉长，并做些必要的放松和按摩活动，以利于消除疲劳。

第二节　青少年网球运动员的身体素质发育敏感期

一、力量素质发展敏感期

力量素质分为一般力量和专项力量。对于青少年来讲，负荷过大的力量训练会阻碍其成长发育，但并不意味着在少年儿童时期就不能进行力量训练。适当的力量训练对少年儿童的肌肉发育、肌肉力量、用力姿势都会产生良好的

[①] 虞力宏. 网球运动［M］. 杭州：浙江大学出版社，2015.

影响。

1. 一般力量发展的敏感期

一般力量发展的敏感期在 12~15 岁。在此阶段，着重发展全身肌肉组织，强度不宜过大，着重发展快速力量。主要采用动力性力量练习。在此敏感期的后期，可适当根据运动项目特点，加入专项力量练习，同样负荷不宜过大。

2. 专项力量发展的敏感期

专项力量发展的敏感期在 15~17 岁。在此阶段，加大专项力量练习的比重，着重发展那些与提高专项竞技能力相关的肌肉力量。以增大肌肉横截面积，提高肌肉间的协调能力为主。

二、速度素质发展敏感期

一般可分为反应速度、动作速度、位移速度。在青少年时期，速度素质的发展着重于动作速率的提高。

（1）反应速度的敏感期在 9~12 岁。可通过各种反应训练刺激中枢神经系统，提高反应的速度。练习时间不宜过长。

（2）动作速度更多取决于快肌的百分比及相关肌肉力量的大小。

（3）位移速度的敏感期在 7~14 岁（男）。在 7~11 岁，主要发展动作速度和频率。在 12~14 岁，在巩固已有的动作速度和频率的基础上，可通过发展肌肉力量来提高速度素质。

三、耐力素质发展敏感期

在少年儿童时期，由于心血管和呼吸系统尚未发育完善，较宜采用有氧耐力训练，可以刺激相关系统更好地发育，但负荷不宜过大。

（1）一般耐力的敏感期在 12~14 岁。以有氧耐力练习为主，使心肺功能产生良性适应。

（2）专项耐力的敏感期在 15~16 岁。在此阶段可逐渐进行无氧耐力训练。

四、柔韧素质发展敏感期

柔韧素质的敏感期较早，在儿童时期应着重注意柔韧素质的发展。其敏感期在5~9岁，在此阶段，柔韧素质会随着合理的训练得到较快的提高。在前期着重发展全身各部位的柔韧能力，宜从小培养柔韧素质。在后期同样要注重柔韧能力的训练，可以减少运动损伤的产生，同时要注意与力量训练结合。[1]

五、灵敏素质发展敏感期

灵敏素质的敏感期在10~12岁，灵敏素质的训练不宜过长，注意与其他素质练习交替进行。

六、协调能力发展敏感期

协调性发展的敏感期在10~13岁，适合与专项技术动作相结合进行练习。

第三节 青少年网球运动员身体素质训练的特征

网球是一项专业性和技术性水平较高的运动，属于技能主导类项群。但在网球运动中不能忽视身体素质的重要性。网前的快速截击、底线的抽拉球、大力发球等都需要良好的身体素质，特别是在网球比赛的最后阶段，运动员身体素质的强弱以及体能的恢复速度往往能够决定一场比赛的胜负。尤其是随着网球运动的发展和网球技战术水平的不断提高，网球运动的激烈程度日益增加，网球速度也越来越快，经常可以达到200千米/小时，比赛中每个球的飞行路线、角度和力量都不相同，网球运动员在比赛中需要反复的急停、急转，没有良好的身体素质做支撑，将很难适应现代网球运动的发展。

网球运动的兴起和发展，使得越来越多的青少年开始接触这项运动，青少年的身体素质处于发展的黄金期，一旦错过这个时期，今后将很难进行身体素

---

[1] 韩春远. 中国青少年网球体能训练指南［M］. 广州：广东高等教育出版社, 2018.

质的提升，尤其是动作频率、动作速度这类在任何运动中都至关重要的身体素质指标。因此，关于青少年网球运动员身体素质的训练越来越受到重视。

青少年是身体素质训练的敏感期，只有清楚地了解青少年网球运动员身体素质训练的特点，才能有针对性地制订训练方案，提高训练水平。

通过研究表明，青少年网球运动员身体素质训练的特点有如下几点：

一、有氧供能为主，兼顾无氧供能

网球运动既有无氧运动，也有有氧运动。网球是一项高消耗的运动，根据统计，在一场普通的网球单打比赛中，运动员需要快速启动超过500次，一个回合在8~120秒，回合之间可以休息20秒，比赛的1/3是竞技比赛时间，另外2/3是其他时间。在一场三局两胜的比赛中，运动员的有效运动时间超过1小时，甚至有记录最长的网球比赛历经3天，耗时11小时。网球比赛过程中，运动员要不停地冲击、起动、急停，这些主要是无氧运动，主要以是磷酸盐供能为主；运动员长时间的跑动是有氧运动，以乳酸能供能为主。因此，在青少年网球运动员身体训练过程中，应该将无氧运动和有氧运动结合起来，以有氧功能为主，但也不能忽视无氧功能的训练，提高无氧代谢能力可以帮助运动员维持充沛的体能和稳定的心理。

二、注重身体素质训练的阶段性和差别性

身体素质包括速度、耐力、柔性、力量和协调性等，不同素质之间的敏感期也存在时间不一致的现象，如柔韧性和协调性发育的速度较快，而耐力、力量等身体素质发育的速度较慢。而且身体素质的锻炼具有不可逆性，过了这个阶段再进行锻炼，将达不到预期的效果。因此，对青少年网球运动员身体素质的训练要注重阶段性。

另外，青少年运动员的发育周期并不相同，有的发育较早，有的发育较晚，男生和女生之间也存在差别，不同的人之间也存在差别，有的青少年运动员爆发力较好，但是耐力较差；有的青少年运动员移动速度快，但是力量相对不足。因此，在身体素质训练中，不是每节课都要进行训练，也不是所有的运

动员训练统一的内容，要根据运动员年龄、性别等的差别进行有针对性的训练。要根据不同运动员身体素质发展水平，来进行训练时间、训练强度上的调整，发展特长素质，弥补其他素质的短板。[①]

三、一般身体素质训练与专项训练相结合

青少年网球运动员的训练方法和手段应该有其专项的特点，除了一般身体素质训练外，专项身体素质训练是其训练的重点，我们应该积极探索出早期专项训练的合理途径和方法，在日常的训练方法和手段中以一般身体素质训练为基础，逐渐突出专项身体素质训练，并不能单独发展，即开始只进行一般身体素质训练，而是到了接近成才阶段才进行专项身体素质训练，这种观念在众多的先进训练理念中被证明是不可取的，年轻运动员在未成年之前夺得冠军的并不在少数。专项的训练并不是每天来回进行折返跑，并不是每天进行俯卧撑，青少年阶段的专项训练过于枯燥就不会引起他们的兴趣，他们就不会投入百分之百的精力去完成，这就要求教练员探究项目的本质，变换多种形式和方法来共同促进身体素质，尤其是专项身体素质的提高。

四、注重身体素质训练的全面性和侧重性

青少年身体素质的训练应该注重各项素质的协调发展。只有具备全面的身体素质才能灵活使用网球中的各种技战术、提高竞技能力。从当前一些知名的网球运动员来看，身体素质都没有短板。青少年处于身体素质训练的黄金期，更需要全面的身体素质，不能够只注重一点，忽略了其他。当然，可以根据身体发育规律和竞技阶段的不同，有侧重地发展不同的身体素质。

力量、耐力、速度是网球身体的三项基本素质，力量是这些素质中的核心素质。网球球拍本身就很重，网球运动过程中的大力发球、快速抽球以及急停急起都需要网球运动员有较强的爆发力、核心力量以及最大力量。良好的肌肉力量不仅可以提高动作的平衡性，提高运动员的挥拍速度。而且能够有效地降

---

① 张守冬. 青少年网球运动训练体系构建研究［M］. 长春：吉林大学出版社，2020.

低运动损伤。因此，青少年网球运动员身体素质训练中要注重加强力量素质的训练，尤其是加强快速力量和爆发力的培养，使青少年网球运动员具备良好的控制力量、启动力量以及配合力量，能够适应网球竞技运动的需要。

五、注重训练后的恢复和养护

随着网球运动的发展，网球运动训练的理念不断更新，网球训练方法不断提高，网球比赛的观赏性也越来越高，但随之而来的是网球运动员在日常训练和比赛中出现的运动损伤越来越多，尤其对青少年运动员而言，青少年网球运动员是我国网球运动发展的未来，如果青少年网球运动员出现运动损伤，轻者会影响运动训练的系统性，重者会影响青少年运动员的未来发展。因此，如何避免运动损伤就成为青少年网球运动员训练中需要着重关注的事情。

一直以来，由于训练理念的落后，网球教练员和运动员对运动训练的恢复并不重视，很容易影响第二天的训练或者造成疲劳累积。网球运动员损伤的部位主要集中的膝关节、肘关节、肩关节以及腰部等，在夏冬两季受伤的概率最大。关节部门一旦受伤，恢复起来十分缓慢。因此，青少年网球运动员训练结束之后要加强薄弱环节的训练，这也是身体素质训练的重要环节。

随着网球运动的发展，网球训练理念不断更新，网球训练水平不断提高，很多青少年通过科学训练获得了不错的成绩，如纳达尔17岁时就在美国网球联赛上折桂，张德培也在17岁获得法国联赛的冠军。可见青少年时期是身体素质训练的黄金期，网球教练应在关注其生理以及心理发育的同时强化培养学员心理素质，应从青少年心理、智力以及生理发展特点和规律出发，给予科学、合理的训练指导，避免盲目训练，为社会培养出优秀的网球运动员。

第四节　青少年网球运动员体能训练理念及训练内容

网球运动对体能素质要求非常高，体能一旦跟不上，其反应能力和移动速度就会下降,最终影响专业发展。因此,在安排网球体能训练时,要提高对体能训练理念的认识,紧紧抓住青少年身体素质发展的每个敏感期,全面发展能力,同时也要了解运动员的心理特征,全面掌握科学的体能训练内容和方法,不断提高青少年网球运动员的体能素质。

一、青少年网球运动员体能训练指导理念

(一)结合青少年身体发育特点制订体能训练计划

青少年时期是一个人身体素质与智力发展的黄金期,通常这个最佳时期也被称为敏感期。在开展青少年运动员网球体能训练时,教练员应充分了解运动员身体素质发育的敏感期,有针对性地制订出科学合理的体能训练计划,运动员能够在不同的身体素质发展期接受最适宜的训练。

(二)重视体能训练的安全性和连贯性

青少年运动员体能训练的安全性是开展体能训练的前提条件和必备基础。日常训练中,青少年网球运动员受伤大都是因关节灵活性受限所致。因此,在体能训练前,运动员需要在泡沫轴上滚动,激活参与发力的肌肉,训练结束后再次进行滚动,充分放松肌肉,预防肌肉疲劳导致损伤。同时,教练员在体能训练中要特别关注队员的肩关节、胸椎、髋关节、脚踝等部位是否灵活;肩胛、腰椎、骨盆、膝关节等部位是否稳定,根据运动员关节灵活和稳定性特点进行适度的体能训练。

训练过程中的安全同等重要。举例来说:开展体能训练时,要从呼吸、身体姿态、运动模式等三方面观察队员的动作是否规范。一是呼吸方面,把气吸到肚子里,尽量向侧肋扩张为佳,有助于身体保持平衡性;二是身体姿态准备方面,两脚张开,略宽于肩,重心落在大脚趾球处,膝盖略内扣,脚跟略抬起,重心前移,背要平,胸要前挺,头部直视前方,重点是前脚掌大脚趾球处发力;三是运动模式方面,采用循序渐进,递增原则,由直线运动到侧向运动再到多方向运动,由简到难,引导运动员对每一项技术动作都能够熟练地掌握,并且对身体的各个肌肉和关节系统建立运动模式,为快速移动训练打好基

础。这种训练模式，可以对网球运动员进行较好的保护。①

另外，教练员安排体能训练时还要注意保持各项技术训练的连贯性，确保运动员的体能和技术能够连续、有规律地提升。

（三）重视青少年身体形态塑造的专项性

青少年网球运动员的身体形态正处于快速发展时期，没有最终定型。所以，应将体能训练和身体形态塑造进行有效的结合，在其身体形态基础上开展有针对性的训练，促使青少年运动员的身体形态向着网球运动所需要的方向发展。大量研究证明，网球运动员基本都具有"宽肩、厚背、翘臀"等身体形态特征，教练员可以有意识地塑造运动员的身体形态朝这方面发展。

二、青少年网球运动员体能训练的内容

（一）最佳的呼吸训练

呼吸是所有肌肉控制的本源，是人类生存的最基本要素，呼吸伴随着网球运动控制的整个过程，潜移默化地影响运动员整个运动生涯。最佳的呼吸模式强调在吸气时腹部、背部向胸侧外方扩张，简而言之，把气吸到肚子里，尽量向侧肋扩张，呼气时保持平稳。在训练中发现，呼气要比吸气更值得关注。

举例来说，在激烈的网球比赛中，运动员会出现呼吸急促，甚至紊乱，导致击球时身体失去控制，最终影响到比赛的结果。因此，建议青少年网球运动员在日常训练中，重视呼吸练习，最佳呼吸可以保持躯干的稳定性，是打好网球的最重要运动模式。

（二）网球步伐快速移动的训练

网球步伐快速移动对髋、膝、踝的伸展性要求很高，任何一个关节活动受限，都会影响整个腿部力量的输出。做步伐移动训练时，要采用循序渐进原则，先练习直线快速跑，再练侧向移动，最后练习多向移动。训练过程中，教练要多关注队员髋、膝、踝的伸展动作，重点关注队员前脚掌大脚趾球处趴地时应落在髋关节下方，有趴地发力的动作。

---

① 韩春远. 中国青少年网球体能训练指南［M］. 广州：广东高等教育出版社，2018.

在日常训练中，部分队员会出现前脚掌蹭地动作，这属于减速动作，时间久了，会导致队员的脚踝和膝关节受伤。掌握正确的前脚掌大脚趾球处发力动作，可以有效地帮助网球运动员快速提高移动速度。比赛中，运动员横向和多向移动较多，也要加强下肢两侧肌肉训练。步伐训练的方法包括短距离冲刺跑、绳梯训练、踏步变相跑等。

（三）击球速度和发球速度的训练

击球速度的大小与挥拍速度和质量有关。当队员掌握好击球和发球的技术后，要对其击球速度和发球速度开展专项训练，同时还要提升队员的爆发力。强化参与击球和发球挥拍发力的相关肌肉训练，最大程度提升击球和发球速度。值得注意的是，体能训练必须与网球技术动作训练相结合。我们可以将两只球拍叠加在一起，模拟正反手击球和发球的挥拍动作，运用单膝跪撑抛实心球、仰卧抛实心球、仰卧上抛实心球等方法开展有效训练。

（四）反应速度和综合体能训练

事实证明，运动员具有较强的敏捷反应可以为个人带来充分的时间做预判，能够赢得更充裕的击球时间，从而更好地掌握击球主动权，为赢得比赛奠定良好的基础。敏捷的反应需要长期训练才可以形成一项竞技技能。

敏捷反应训练方法如下：用网球灵敏训练仪器，利用视觉信号和声音信号刺激，让队员在动态中，根据随机信号迅速做出选择、判断及快速移动。

综合体能是指运动员的身体机能、体能、技术和心理等方面的综合运用能力。开展体能训练时，不仅要进行网球体能专项训练，而且还要对其综合体能开展训练。

（五）综合技术的训练

人体是一个有机的整体，可以想象为由筋膜包裹，体能和技术是一个"统一体"，需要共同发展，这是著名的"整体论"观点。上述训练内容的安排遵循了"整体论"观点，注重对球员的呼吸、体能和技术动作的训练。技术与体能训练之间相辅相成，技术是经过多次训练而存在于大脑中的一种信息，身体在对技术进行展示的过程中，将人体所具有的"体能"充分展现。体能和技术是一种效果的统一，有充足的体能储备做支撑，网球技术才能更好地发挥。合理的网球技术可以帮助运动员节省更多的体能。①

在综合训练中,针对不同性格的运动员,特别是各项身体素质处于敏感期的青少年运动员,在开展体能训练时,应对运动员的身体训练进行正确引导,因材施教,因人而异进行针对性训练,这样才能培养出不同风格的优秀运动员。

青少年网球运动员体能训练开展过程中,教练员要不断提高对体能训练理念的认识,将体能训练理念贯穿于整个体能训练过程,紧紧抓住青少年身体素质发展的每个敏感期,全面提升能力,同时也要了解青少年运动员的心理特征,全面掌握科学的体能训练内容和方法,保障青少年网球运动员运动竞技水平始终保持不断提升,促进青少年网球运动更好地发展。

---

① 李磊,冯燕辉.对青少年网球运动员体能训练的探讨[J].河北工程大学学报(社会科学版),2017(2):83-84.

第六章　青少年网球运动员的心理素质训练

第一节　心理学基本知识

一、动机

（一）动机概述

1. 动机的含义

动机其实是一个个体的内在过程，是指推动一个人进行活动的心理动因或内部动力。具体可描述为：动机能引起并维持人的活动，将该活动导向一定目标，以满足个体的念头、愿望或理想等。

2. 动机的分类

动机具有多种不同的划分标准，按照不同的标准可将动机进行如下分类。

（1）按动机来源分类。可将动机分为内部动机和外部动机：

1）内部动机。指以生物性需要为基础，通过积极参加某种活动，应付各种挑战，从中展示自己的能力，实现自己的价值，体验莫大的满足感和效能感的动机。它是汲取内部力量的动机，是从内部对行为的驱动。内部动机能够对人起到激发作用,其行为的动力来自于内部的自我动员。

2)外部动机。指以社会需要为基础,人通过某种活动获得相应的外部奖励或避免受到惩罚以满足自己的社会性需要的动机。它是汲取外部力量的动机,是从外部对行为的驱动,其行为的动力来自于外部的动员力量。

内部动机与外部动机是相互影响、相互促进的关系。外部动机对内部动机的影响既可以是积极的,也可以是消极的;既能起到加强内部动机的作用,也能起到削弱内部动机的作用。这主要取决于奖励方式对运动员的刺激程度,如果奖惩得当,则外部奖励甚至小范围内的惩罚都有可能激发运动员的正确行为,并促进外部动机向内部动机的转化。反之,则会破坏内部动机,得到相反的效果。

(2)按兴趣分类。可将动机分为直接动机和间接动机:

1)直接动机。直接动机是指以直接兴趣为基础,指向活动过程本身的动机。如有的运动员对于自己所从事的运动本身感兴趣,认为它是对自己身体机能的积极挑战,从中可以最大限度地发挥和体现自己的潜力,体验到一种效能感和满足感,这种训练动机属于直接动机。

2)间接动机。间接动机是指以间接兴趣为基础,指向活动的结果的动机。如有的运动员对比赛本身不感兴趣,仅认为它是为战胜对手所必须克服的困难,这样的动机就属于间接动机。一个运动员在训练中往往受到以上这两种动机的影响。

(3)按情感体验分类。可将动机分为丰富性动机和缺乏性动机:

1)丰富性动机。丰富性动机是指以经验享乐、获得满足、理解和发现、寻找新奇、有所成就和创造等欲望为特征的动机。它包括满足和刺激的一般目的,往往趋向于张力的增强。

2)缺乏性动机。缺乏性动机是指以排除缺乏和破坏、避免威胁、逃避危险等需要为特征的动机。它包括生存和安全的一般目的。缺乏性动机以张力的缩减为目的,一旦目标实现,这种动机就会明显减弱。

(4)按需要的性质来分类。可将动机分为生物性动机和社会性动机:

1)生物性动机。生物性动机是以生物性需要为基础的动机,如因饥饿、口渴而产生的动机。

2）社会性动机。社会性动机是以社会需要为基础的动机，如成就动机、交往动机。

3. 动机的作用

一般来说，动机具有以下几个作用：

（1）始发作用。指的是动机可引起和发动个体的活动。

（2）强化作用。指动机是维持、增加或制止、减弱某一活动的力量。

（3）指向或选择作用。指动机可引起和发动个体的活动的方向。

心理学中从"方向"和"强度"这两个角度来理解问题，"方向"与一个人目标的选择有关，即人为什么要做某件事；"强度"与一个人激活的程度有关，即为了达到某一目标，人正在付出多少努力。

（二）动机产生的必要条件

动机产生的必要条件主要有以下两点：

（1）内部条件。指个体因对某种东西的缺乏而引起的内部紧张状态和不舒服感。它能产生愿望和推动行为的力量，引起人的活动。

（2）外部条件。指个体之外的各种刺激，包括各种生物性和社会性的因素，它是产生动机的外部原因，对人有着重要的影响作用。

（三）动机的培养与激发

1. 满足运动员的各种需求

（1）追求刺激和乐趣的需要。网球是一项具有鲜明的挑战性和趣味性，并使身心集于一体的运动，它兼具乐趣性和艰苦性，如果教学安排与训练安排枯燥无味，过多剥夺了学生的自由或者对学生提出了过高的要求，那么学生就失去了学习与训练的乐趣，导致其运动动机的下降。

因此，在教学与训练中，教师要注意以下几点：一是要使学生的能力适合练习的难度；二是使训练方法和手段多样化；三是让所有的人都积极参与；四是允许学生在教学与训练中有更多的自主权；五是在练习中要根据学生的特点分派任务，使其有机会在完成任务的过程中享受乐趣。

（2）获得集体归属感的需要。任何人都有归属的需要，即从属于一个集体的需要。甚至有些人，他们参加体育运动就是希望能成为运动集体中的一员，他们需要归属于一个能为自己增添色彩的集体。归属于他人、为他人所接受就是他们的主要动机，他们的主要目标就是满足这种需要，而不是去赢得荣誉。

因此，体育教师可以利用集体成员的资格作为一种颇具诱惑力的奖励，以激励这类运动员为优良成绩去努力拼搏，也可以用集体的行为规范、集体的目标、集体的荣誉感来激发他们的成就动机。

（3）展示自我的需要。体育运动中最普遍、最强烈的需要是感到自己有价值的需要。这种需要的特点是由运动员归因的特点决定的，可以分为两类：一是成功定向的运动员；二是失败定向的运动员。无论对于哪一类运动员，自我价值感都是他们最为珍惜和悉心保护的精神财产。展示自己的才能并使他人承认自己的价值，或者不必得到他人的尊重而只需自认为有价值、有能力，都可以满足这种需要。

对于失败定向的学生，体育教师应帮助其重新确定目标，并尽可能地通过采取一些积极有效的措施和手段来满足他们表现才能与自我价值的需要，这样才能有效地激发和培养他们的内部动机。

2. 运用强化手段培养动机

强化是指出现可接受的行为时，或者给予奖励，或者撤除消极刺激的过程。正确利用好强化，不仅可以激发外部动机，也有利于内部动机的培养。如果运用不当，强化则可能既破坏内部动机，又破坏外部动机。

一般情况下，强化的方法要优于惩罚的方法，因为它比惩罚更能鼓励正确的行为，当然适当的惩罚在某些时候也是必要的。运用强化手段培养动机时，要注意以下几点：

（1）明确规定应获奖励的行为、奖励的条件以及奖励的标准。奖励不能过量，不能让学生感到教师正在企图控制他们的行为。

（2）最好对达到标准的良好表现进行没有规律的强化。

（3）鼓励学生间的相互强化。

（4）让学生懂得奖励不是最终目的，它只是能力、努力和自我价值的标志，这有利于加强内部动机。

3. 依从、认同和内化方法培养动机

（1）依从方法。依从方法是指利用外部奖励和惩罚的作用来激发运动动机的方法。该方法是激发动机的有效手段，特别是对那些没有建立起良好的行为习惯、自我观念淡薄的学生来说，尤其如此。

（2）认同方法。认同方法是指利用教练员与运动员之间的关系来激发运动动机的方法。它是依从方法的隐蔽形式。要成功地利用认同方法来激发运动动机，体育教师就必须与学生保持良好关系，使学生觉得自己应该按照教师的要求去做。需要注意的是，过分依赖惩罚和消极强化的教师容易同学生产生隔阂，导致学生服从教师只是因为怕受罚。

（3）内化方法。内化方法是指通过启发信念和价值观来激发内部动机的方法。

运用以上三种方法激发动机时，应注意以下几点：

1）随着年龄的增长和心理的成熟，内化方法会起更大的作用，也最适宜。

2）在技能发展的初级阶段，依从方法是最为有效的。

3）由于学生归因的控制点不同，因此激发其运动动机的直接方法也不同。

4）对于不习惯于依从方法而不适应、不接受内化方法的学生，激发其动机的方法要取决于目标。

4. 自我调整以引发动机

大量的实践表明，给人以控制自己生活的权力，可以加强动机，提高成就，促进责任感和自我价值感的发展。这一点对于培养和激发运动动机尤为重要。

一般来说，在体育运动教学中，教师对于训练和比赛所作的安排往往是比较适合于运动员发展的。但最了解自己状况的莫过于学生自己。一旦学生学会了如何自己设置训练计划，他们可能会设计出更好的适合自己发展的计划。

因此，体育教师应根据学生的能力和水平，在有组织的范围内下放权力，培养他们的责任心、自觉性以及在有限的条件下作出正确决策的能力。这样做不仅能培养和激发内部动机，而且会使学生在将来的生活和工作中受益。

在教师下放自主权过程中注意以下几点：

（1）要根据学生的能力和水平，有选择地下放自主权。

（2）体育教师应具有移情心。移情心是指一种会站在学生的角度来观察和思考问题的能力。

（3）放权后应耐心地帮助学生进行决策，不要急于求成，过分指导。

5. 变换训练方法以引起动机

改变教学与训练的环境是培养与激发运动动机的间接方法。这个环境包括物质环境和心理环境。改变物质环境包括改变练习场地、练习设备条件等，改变心理环境包括取消对学生的消极评语，改变学生的分组，改变传统的练习方法等。体育教师应当精心安排每一次训练和比赛，使之具有趣味性和启发性，以满足学生接受刺激、追求乐趣的需要，进而培养和激发内部动机。

二、认知

人的认知能力是与生俱来的，同时也受环境、年龄、心理等多种因素的影响。认知过程是指人在认识客观事物的活动中表现出来的各种心理现象。它包括感知觉、表象、想象、思维和记忆等过程。

（一）感知觉能力

感觉是在事物的直接影响下，脑对于事物个别属性的反映。如听到声音、看到颜色、嗅到气味、觉察到运动等。

知觉是在事物直接影响下，脑对事物整体的反映。如当足球等客观物体直接作用于各种感觉器官时，人脑中便产生了这些事物的整体形象，即知觉过程。

感觉和知觉是两种不同的认识过程，但它们有共同的特点，是人脑对于直接作用于感觉器官的客观事物的个别属性和整体的反映，是认识的开端和起点。掌握和发挥运动技术首先要有敏锐的感觉能力，即要有较高的感受性，才能更好地感知动作和各个动作之间的微小区别，及时发现细微的错误动作。较高的感受性还能使运动员迅速感知外界刺激，从而加快反应速度。

（二）思维能力

思维是事物的本质属性和内部规律性在人脑中的反映。这种对事物本质及规律性的认识活动，是一种很复杂的头脑加工过程。如对人的认识，感知觉只能反映出各种各样的、具体的、活生生的人，而思维则能舍弃人的具体的形象、肤色、面貌、解剖构造等非本质特征，而把人能够制造生产劳动工具、使用工具，进行社会生产活动，并具有语言、思想意识和高级感情的本质特征概括起来。一个人通过练习可以学会某一运动技能，但要提高这种运动技能的成绩，却必须通过思维掌握这种运动技能的本质和规律。在比赛时，比赛场面复杂纷繁，情况瞬息万变。所以，在参加运动中，运动员的思维要具有独立性、敏捷性和深刻性。

三、应激、唤醒与焦虑

（一）应激

应激是指个体对应激源或刺激所做出的反应。应激源是指那些唤起机体适应反应的环境事件与情境。应激反应是一种包含应激源、个体对应激源的评价及个体的典型反应等因素相互作用的过程。

生活中发生的一系列重大事件都有可能对我们的应对能力形成挑战，使我们感到难以应付，从而形成应激，带来身体和心理上的不适。这些生活事件打破了我们日常的宁静和平衡，需要我们去适应新的环境，因此具有明显的应激性质，应激大都来源于此。

研究表明，当人处于高应激时，应避免参加竞技性强的运动，因为该类运动会增加更多的应激源，从而容易导致身体受伤。对应激的控制应注意以下两点：

（1）选择适度的网球运动与积极应激。应激引起机体的本能反应是"搏斗或逃跑"，这时体内动员能量的交感——肾上腺机制、血液中儿茶酚胺水平升高，进行搏斗或逃跑时，所动员的能量得以释放。在现代社会中的应激反应中，很少有可能进行这种类型的能量释放，这种能量被动员而无法释放的状况就会扰乱身心平衡的状态，从而损害机体。因此，释放能量就成为对抗应激的一种手段。

（2）避免过度的网球运动与心理耗竭。心理耗竭是由于情绪和精神压力而形成的一种心理现象。在运动锻炼时，如果长期运动强度过大，运动不仅会损害身体，而且会给心理健康带来负效应。这种负效应主要表现在心理耗竭上。心理耗竭的生理症状主要有安静时心率增加，长期肌肉疲劳、失眠、体重减轻、感冒和呼吸道疾病增加等。

（二）唤醒与焦虑

1. 唤醒

唤醒是指有机体总的生理性激活的不同状态或不同程度。唤醒有三种表现：脑电唤醒（刺激使脑电出现去同步化的低压快波）、行为唤醒（非麻醉动物唤醒时伴随着行为变化）和植物性唤醒（较高水平刺激时的植物性神经系统的活动）。这三者可以同时存在，也可以单独存在。唤醒对维持和改变大脑皮层的兴奋性、保持觉醒状态有重要的作用，它能为注意的保持与集中以及意识状态提供能量。

2. 焦虑

焦虑是指由于不能克服障碍或不能达到目标，而体验到身体和心理的平衡状态受到威胁，形成的一种紧张、担忧并带有恐惧的情绪状态。焦虑状态包含三种主要成分，分别为生理唤醒，情绪体验以及威胁、不确定性和担忧的认知表征。

焦虑有不同的种类，按照不同的划分方法可以分为以下几种：

（1）状态焦虑。状态焦虑是一种短暂的情绪状态，是由紧张和忧虑所造成的一些可意识到的主观感受，也是高度自主的神经系统的活动。如第一次参加重大足球比赛的运动员，踏入球场时所体验到的紧张、不安，就属于比赛前的状态焦虑。

（2）特质焦虑。特质焦虑是一种人格特质，即在各种情境中产生焦虑反应的情绪倾向和行为倾向。也就是说，一个人无论在何种情境中都预先具有一种以特殊的焦虑反应方式和焦虑反应程度来对待事物的倾向，从而显示出多种情境中焦虑反应的一致性。

（3）躯体焦虑。躯体焦虑直接由自发的唤醒而引起，通过心跳加快、呼吸急促、手心出汗、肠胃痉挛以及肌肉紧张等表现出来。

（4）认知焦虑。认知焦虑是焦虑的认知性特征，由对内外刺激的评价而引起，是含有担忧和干扰性视觉表象成分的一种不愉快的感受。躯体焦虑和认知焦虑在概念上是独立的，但在应激情境中有可能会发生改变。

四、运动心理过程

（一）感知过程

1. 运动与感觉系统

（1）动觉。动觉也被称为运动觉或本体感觉，它负责将身体运动的信息传入大脑，使个体对身体各部位的位置和运动有所知觉。动觉主要由4部分组成：肌觉、腱觉、关节觉和平衡觉。当身体参与活动时，肌肉与肌腱的扩张与收缩，以及关节之间的压迫，产生刺激并引起神经冲动，传入中枢神经系统而引起动觉。动觉是发展高水平运动技能的关键。

（2）视觉。视觉是通过眼睛、视传入神经和视觉中枢产生的，对波长为380~740毫微米的电磁辐射产生的感觉。视觉对绝大多数运动项目来说都是至关重要的，例如，在网球运动中，球、对方队员、同伴队员始终都在不停地运动，要准确地观察这些空间、方位和距离上迅速变化的各种关系，才能建立正确的行动定向。

（3）听觉。听觉是通过耳朵、听传入神经和听觉中枢对频率20~20000Hz的声音刺激产生的感觉。听觉刺激可以通过中枢神经系统的兴奋扩散效应，诱发动觉枢的兴奋，从而产生节奏感，即听觉和动觉的联合知觉。

（4）触压觉。触压觉是由非均匀分布的压力在皮肤上引起的感觉，分为触觉和压觉两种。触觉是指因外界刺激接触皮肤表面，使皮肤轻微变形，从而引起的感觉；压觉是指使皮肤明显变形，从而引起的感觉。在足球运动中，对触觉、压觉也有较高的要求，触觉的敏感性体现在足球运动员的脚背和脚内侧上。

2. 运动与知觉系统

（1）空间知觉。空间知觉是对物体空间特性的反映，包括形状知觉、大小知觉、深度知觉、立体知觉、空间定向等。在足球运动中，传接球、抢断、射门等动作的完成,都需要运动员必须判断出球、对方队员、同伴队员和自己的空间特征情况和彼此间的关系等。空间知觉包括方向知觉和距离知觉。

(2)时间知觉。时间知觉是对时间长短、快慢、节奏和先后次序关系的反映,它揭示出客观事物运动和变化的延续性和顺序性。自然界的有规律的周期性变化和人体内部的生理变化是人们产生时间知觉的依据。

时间知觉同时机掌握和情绪态度有着非常重要的关系。如足球运动中,前锋队员射门时除了要具有良好的技术外,还要注意射门时机的把握。当比赛快要结束时,处于比分领先或者落后的一方运动员,对时间的知觉是不同的。前者倾向于时间过得慢,后者感到时间过得比平时快得多。

(3)运动知觉。运动知觉是对外界物体运动和机体自身运动的反映,通过视觉、动觉、平衡觉等多种感觉协同活动来实现。运动知觉包括对自身运动的知觉和对外界物体运动的知觉。

1)对自身运动的知觉。对自身运动的知觉主要是通过运动分析器获得的,运动分析器的感受器分布在肌腱和韧带中的感觉神经末梢。当机体活动时,这些感受器就受到某种程度的牵拉,产生神经冲动,从而对自身机体活动有所知觉。

根据动作的形态、幅度以及时空等特征,可将对自身运动的知觉分为四类:运动形态知觉、运动幅度知觉、自身运动的时间知觉以及身体空间位置和方向知觉。

根据动觉分析器以及其他分析器提供的信息,可将对自身运动的知觉分为八类:主动运动时的用力知觉、运动器官发生改变时的知觉、分辨运动器官活动开始与终结时的方位知觉、运动器官提升到一定高度时的用力知觉、身体运动的速度知觉、身体表面接触到外界物体时的各种触觉、躯体或运动器官位置变化时的各种平衡知觉和来自心脏的各种知觉。

这两种分类系统可以作为测量自身运动知觉的参考体系,体育教师可以根据项目的特征,在以上分类中选择适宜的方面,对学生进行专项运动知觉的测量,以促进运动技术水平的提高。

2)对外界物体运动的知觉。对外界物体运动的知觉是指完成知觉外界物体的运动是依靠视觉为主的一些外部感受器来进行的，它受到以下四个方面的制约：一是运动物体的形状大小与速度知觉成反比；二是运动物体的形状大小与运动速度知觉的下阈限及上阈限成正比；三是运动场地的变化会影响速度知觉的发挥；四是在一定范围内，光线亮度与速度知觉成正比。

（4）专门化知觉。专门化知觉是运动员在长期实践过程中形成的一种综合性知觉，它能对运动员自身运动和环境因素做出精确的分析和判断，是对运动员心理要求的一个重要方面。其特点主要包括以下三个方面：

1）具有综合性，依赖多种分析器的同时活动。

2）具有专项性不同的分析器依据不同特点在不同的专门化知觉中起不同的作用。

3）专门化知觉中，动觉是其主要因素。如球类项目的球感就以高度发展的动觉为基础。

对专门化知觉的测量要因运动项目而异，需要注意的是在测量专门化知觉时，往往采取多种方法进行测量，这比单一的测量方法更加全面和有效，还要注意运动员知觉特征的个体差异性。

（二）记忆过程

人们日常生活中的一举一动，都与运动记忆有关。运动记忆与人体的肌肉活动密切相关，与形象记忆、情绪记忆等有明显的区别。

1. 短时运动记忆与长时运动记忆

短时运动记忆是指在对一个运动项目的练习停止后，其遗忘的速率会随着时间的变化而变化，遗忘的进程先快后慢，但其记忆的内容不会全部忘记。而长时运动记忆是指学习一项运动技能后，一旦熟练掌握，就能记忆相当长的一段时间。这两种记忆过程是在日常生活中常常发生的。

2. 运动表象

内部表象是指以内部直觉为基础，以内心体验的方式感受自己的运动操作活动，表象自己正在做各种动作。其实质是动觉表象或者肌肉运动表象。

外部表象是指可从旁观者的角度看到其表象的内容，其实质是视觉表象，感受不到身体内部的变化。内部表象时的肌肉活动要高于外部表象时的肌肉活动。

3. 运动记忆中的信息加工

认知心理学认为，在短时记忆的短暂时间中，个体对产生于本身的刺激，通过知觉组织加以处理，将零散的个别信息组合成一个包括多个单元的、便于记忆的整体，这就是运动记忆中的信息加工。对任何人来说，在短时间单纯依靠记忆是很难准确地记住太多内容的，这就需要在大脑中进行某种组合加工，以"组块"的形式储入短时记忆。

（三）思维过程

根据思维的抽象性对思维进行分类，可将思维分为直观行动思维、具体形象思维和抽象逻辑思维。人类最初发展的思维形式都是直观行动思维。一般来说，直观行动思维在个体发展中向两个方向转化：一是在思维中的成分逐渐减少，具体形象思维增多；二是高水平的操作思维发展迅速。操作思维是反映肌肉动作和操作对象的相互关系及其规律的一种思维活动，运动员掌握运动技能和表现运动技能，都需要发达的操作思维作为认识基础。这时的操作思维就不是低级的直观形象思维了。

五、运动员个性心理特征

（一）情感

情感是人对客观事物是否符合自己的需要而产生的体验。人是一种充满感情的高级动物，感情充斥着人的生活，而感情同样也受到多种因素的影响。客观事物能满足自己的需要，便产生愉快、高兴等肯定性质的情感；客观事物不能满足自己的需要，便产生痛苦、忧愁等否定性质的情感。

体育锻炼中的情感体验强烈而又深刻，体育运动能够对人的心理产生巨大的影响。在运动场上，成功与失败，进取与挫折共存，欢乐与痛苦，忧伤与憧憬相互交织，同时人的情感表现也相互感染，融合在一起。可以转移个体不愉快的意识、情绪和行为。这种丰富的情感体验刺激，有利于人的情感的成熟，有利于情感自我调节能力的提高。

在运动比赛中，成功与失败经常转换，运动员希望战胜对手这种十分重要的需要时而得到满足，时而不能得到满足，所以感情激烈变化，时而狂喜、时而沮丧，喜怒忧乐不断转换。比赛时，肯定性质的情感会使运动员力量倍增，否定性质的情感常使运动员消极乏力。强烈而短暂的激情，如狂喜、愤怒等有时成为克服困难、克敌制胜的巨大力量；有时也会成为引起肌肉痉挛、腹部疼痛，降低成绩的原因。因此，每个运动员都应了解运动竞赛中情感的特点，学会不因暂时的失败而灰心丧气，学会始终保持愉快乐观的情绪，把情感作为推动比赛和提高运动能力的催化剂。[①]

体育运动对人体情感和情绪的影响也不是固定不变的，具体分析，对情绪的作用有两种：一种是短期效应，另一种是长期效应。研究报道，一次30分钟的跑步可以显著地改善紧张、困惑、焦虑、愤怒和抑郁等不良情绪；长期有规律的中等强度的体育活动有助于改善情绪，提升情感的控制能力。经常参加体育运动，可以促进人际沟通，产生亲近、信赖和相互间谦让、谅解的心理感受，在心理上产生一种归属感和安全感，能迅速改善人际关系，适应社会环境。

（二）意志品质

意志是人为了实现确定的目的，而支配自己的行为，并在运动时自觉克服困难的心理过程。意志是在认识的基础上，情感的激励下产生的心理活动，是提高运动成绩的巨大精神力量。意志品质是指一个人的果断性、坚韧性、自制力以及勇敢顽强和主动独立等精神，意志品质既是在克服困难的过程中表现出来的，又是在克服困难的过程中培养起来的。

在参加体育运动过程中，长时间的活动不但会消耗巨大的生理能量，而且还由于运动所必需的注意力高度集中、紧张而迅速的思维、不断变化的强烈的情感体验等，消耗大量的心理能量。此时，对意志坚强的运动员来说，都不难克服。

意志品质的培养，需要两个极其必要的条件，即"明确目的"和"克服困难"，在具有明确目的的体育运动中，运动员经常需要不断克服客观困难（如气候条件的变化、动作的难度或意外的障碍等）和主观困难（如胆怯和畏

[①] 刘学哲，张虎祥，吕超. 高校网球教学理论与技能训练研究 [M]. 长春：吉林大学出版社，2012.

惧心理、疲劳或运动损伤等），这就需要足够的意志力量。因此，运动员只有不断地克服这些困难，充分发挥自己的主观能动作用，具有坚强的意志品质，即明确的目的性、行为的自觉性、对困难能勇敢坚定地去克服，这样才能很好地学习掌握运动技能，进而提高运动成绩。

（三）智力

智力是指在推理、判断、解决问题、决策等高级认知过程中表现出来的能力。智力的同义词是一般能力，它是表现在特定情景中的所有特殊能力的基础；而特殊能力则是指在特定情景中完成特殊任务所必需的能力。

社会上传统的世俗观点认为：运动员一般都"四肢发达，头脑简单"，但根据相关调查研究显示，运动员的智力水平具有如下特点与趋势：

（1）高水平运动员具备中等或中等以上水平的智商。

（2）体育专业学生的智力同一般文理科学生相比并无明显的差异。

（3）运动技能类型不同，智力因素将起到关键的作用。

（4）运动技能的学习阶段不同，智力对掌握运动技能的影响也不同。

（5）在所完成的操作任务难度和智力之间有中高等程度相关。

由此可见，具有中等程度的智力发展水平已经具备了成为高水平运动员的一个必要条件，但一名高水平的运动员并不一定必须有高水平的智力。

第二节 青少年网球运动员的心理特点和心理素质

心理素质的好坏对运动员比赛成绩的提高具有重要的影响，同时心理素质训练又是现代网球运动训练的重要组成部分，它与身体训练、技战术训练及智能训练一起构成网球运动训练的完整内容。科学研究证明，网球训练和竞赛要求运动员在消耗巨大身体能量的同时，也要付出巨大的心理能量。运动员如果没有良好的心理素质，那么就不可能顺利完成训练与比赛任务，取得优异的比赛成绩。一般来说，在比赛双方身体、技战术水平相当的情况下，心理因素对比赛的胜负起着决定性的作用。

一、心理素质训练的概念

我们所说的心理素质训练就是有目的、有计划、有针对性地对受训者的内心世界施加影响的过程。狭义来讲，心理素质训练是采用特殊手段使训练者学会调节和控制自己的心理状态并进而调节和控制自己行为的过程。其目的就是使运动员学会控制和调节自己心理状态的方法，在改善心理状态背景之下改善心理过程，即将心理素质训练理解为通过练习形成的能影响个体心理过程和心理状态的心理操作系统。心理素质训练强调的是一种心理能力的提高，如提高运动知觉、记忆、表象、思维等心理品质，激发兴趣、动机、意志，发展智力，调节情绪都是心理素质训练所需要解决的问题。心理素质训练的目的是培养和训练运动员在紧张的运动和比赛中所需的品质，以便运动员学会控制和调节自己的心理状态，发挥其实力，取得最佳的运动成绩。

二、青少年网球运动员的心理特点

（一）青少年网球运动员主动参与意识不强

目前，青少年网球运动员参与各项训练的总体特点是被动参与多，主动参与少。在被动参与中，外在因素控制下的被动参与多于自控下的被动参与。运动员的积极主动参与比例随着年龄的增长而减少，主动消极参与和自控下的被动参与随年龄的变化无显著差异；外在因素控制的被动参与随着年龄的增长而降低。而低龄运动员的主动参与水平和外在因素控制下的被动参与比例是最高的。主要是由于他们是在家长和教练共同努力下开始网球训练的，随着年龄的增长逐渐出现的自信心不足和成就动机水平的降低，又导致了主动参与比例下降。

（二）青少年网球运动员注意的强度和稳定性薄弱

从注意特点上看，青少年网球运动员在注意的选择性、目的性和集中与指向性等方面已有了较好表现，但注意的分配和注意的转移明显不足。他们更多注意的是自己的技术、战术，很少注意对方的站位及技战术的变化，注意的强度与稳定性还存在欠缺。在训练与比赛的开始阶段，大多数运动员有较大强度的注意力，能打出自己的水平，到比赛最后阶段运动员的注意强度明显减弱，反应迟缓，直接影响了击球效果。这些特点既与青少年时期的心理特征有关，同样也与训练因素有关。[①]

（三）青少年网球运动员情绪控制能力不足

从情绪体验上看，青少年网球运动员的情感很丰富，比赛易兴奋，易于冲动，常常因长一分、赢一局、赢一盘（场）比赛而表现出很大的情绪波动，从而造成有些运动员在比赛中善于打"顺风球"，不会打"逆风球"。这不仅与青少年运动员神经系统的抑制力薄弱有关，而且也与教练员在平时比赛和训练中对心理素质训练重视不够有关。有些教练员仅仅凭借经验和习惯，就事论事地进行临时性的简单处理。很少透过现象去分析那些致使青少年运动员发挥失常的本质原因，大都不能正确认识和区分的兴奋过度的紧张情绪，不知道此种情况是由于缺乏自我抑制和心理调控的能力导致的后果。

（四）青少年网球运动员存在"吃软怕硬"的心理

从意志品质方面来看，青少年网球运动员心理调适能力差。比如，遇到运动水平明显好于自己的对手时易产生明显的畏惧心理，发挥不了自己的应有技战术水平；在遇到与自己水平相当的对手时则表现出过度紧张和拘谨，在比分接近时出现盲目急躁，不知所措，往往造成不必要的失误，影响自己的运动成绩；在遇到实力明显强于对手水平时，又易盲目兴奋、沾沾自喜，出现大的情绪波动，注意力不能集中，表现不出应有的运动水平。这种"吃软怕硬"的现象实质上是缺乏有效竞争力的表现。

（五）青少年网球运动员应变能力不足

从运动思维方面来看，当今的青少年网球运动员掌握的技术都较为规范，比赛中较能熟练地应用几种常规战术，在打法上呈现出普遍化、常规化。但在结合自己特点的个性化动作技术和有创意的打法上明显训练不足，也就是说很多青少年网球运动员的应变能力都比较差。

---

① 石磊. 青少年体育素质教育——网球［M］. 北京：中国戏剧出版社，2008.

三、青少年网球运动员所需的心理素质

（一）适当的激活能力

激活能力是影响运动员最佳竞技状态的一个重要因素。根据倒"U"曲线理论，运动员处于较低与较高的激活水平时，其完成动作表现都较差，不利于完成动作。只有在中等强度唤醒水平下，完成动作表现才最好。青少年运动员由于心理还不十分成熟，比赛中可能会由于过重的心理负荷而不能有效发挥水平，所以通常在大赛前为了调动运动员的唤醒水平，教练员或领队都要进行赛前心理动员。但高度的兴奋又可能会使人分心而干扰成绩，使其难以保持在一个固定的目标上。网球比赛技术和战术要求都很高，过低的激活水平，很难打出运动员应有的水平，过分的激活则难以控制比赛场面，容易出现失误。因此，保持适当的唤醒水平是网球运动员必备的重要素质。

（二）较高的注意力集中素质

注意力的高度集中是运动员实现巅峰表现的关键状态之一。网球比赛的胜利与否，不仅受网球运动员自身条件和水平的制约，而且还受外界环境的干扰。如气候条件、场地条件、光线、对手的发挥水平、裁判员在执法中的公正与否、对战术的判断和处理是否得当、队员之间有无配合、球迷所营造的气氛等外界客观因素。这些外界因素的干扰，在不同程度上影响着网球运动员的心理状态。尤其是对青少年运动员，经验有限，见过的场面少，这就要求运动员能自我调整注意力，具备良好的注意广度和注意指向能力。

（三）良好的表象素质

表象是一种不需外部刺激直接参与，在头脑中对人体的一切感觉（如视觉、听觉、触觉、本体感觉等）经验进行再现或重构的心理过程。由于表象是运动员头脑中的动作蓝本，因此其清晰性、控制性和自我觉察性的水平制约着网球技术的发展水平。表象素质对于运动员掌握技术动作有着重要的作用，它可以在没有外显身体动作的前提下帮助运动员在头脑中认知和复述动作素质的操作过程，可作为正式训练或比赛的准备策略。除了能促进动作素质在大脑中的存储外，还可以促进动作从记忆中提取。此外，良好的表象素质还能帮助

运动员调节唤醒水平、集中和保持注意、保持积极和自信的情绪状态等。

(四) 优秀的放松素质

放松对于运动员具有积极的效用，特别是对于青少年而言，参与大强度的职业赛事，保持良好的体力，就需要有优秀的放松能力。首先，放松练习后，大脑能呈现一种特殊的松静状态。此时，人的受暗示性极强，对言语及其相应形象特别敏感，容易产生符合言语暗示内容的行为意向。其次，心理放松时，肌肉也自然放松，有利于克服心理紧张状态，从而降低能量消耗，提高技术的发挥和加速疲劳的恢复过程。网球运动员要时刻保持冷静的头脑与身心放松的状态，根据不同情况灵活地做出判断并调整战术策略。因此，放松素质就成为网球运动员的一项不可或缺的能力，对青少年运动员尤为重要。

第三节 网球运动心理素质训练的内容和方法

心理素质训练是现代网球运动员训练的重要组成部分，它同身体训练、技术训练和战术训练一起构成了现代网球运动的完整体系。目前，世界各国的教练员对于不同年龄段的运动员有详细的训练计划，对心理素质训练都非常重视。青少年网球运动员由于身心还不成熟，在陌生的环境和对手面前经常难以发挥出应有的技战术水平。因而，我们在网球训练和比赛中都要重视青少年运动员的心理素质训练，以便使青少年运动员学会控制和调节自己的心理状态，确保以稳定的心理状态去发挥其应有的运动水平。

一、网球运动心理素质训练的内容

网球运动心理素质训练的内容包括以下两个方面：

1. 集中注意力训练

集中注意力训练的目的在于提高网球运动员注意力的集中能力。根据运动员的年龄、个性、训练水平和在集中注意力问题上存在的差距，教练员可以有针对性地提出要求，如在启蒙和基础训练阶段常要求眼睛盯住来球，全部注意力在球上。青少年运动员易兴奋，疲劳时注意力易分散，此时可安排竞赛和游戏的内容使之兴奋，继续把注意力集中在球上。有时为了强化集中注意力的训练，尤其是在训练的后期，部分运动员体力下降时，安排一些速度快、精确度高的练习，进行反复训练。网球教师要对学生经常有目的地提出要求，使学生注意力集中的能力得到逐步提高。[①]

集中注意力训练可采用以下三种方法来进行：

（1）视物法。选择一个对象，仔细观察几秒后，闭目回忆所观察物体的形象，如不清楚，再观察。反复练习，直至清晰。每天坚持练习几次，就能提高注意力。

（2）看表法。注视手表秒针的移动次数。每天白天和晚上临睡前各练一次，每次重复练习3~4遍，间隔10~15秒。当运动员能连续注视秒表针移动5分钟时，说明运动员已具备了较高的注意力集中力。

（3）发令法。用较弱的特定信号指挥运动员的行动。此练习持续的时间不宜过长。

2. 意志品质训练

意志品质训练的目的在于提高运动员训练和比赛中克服困难的能力。其训练的内容主要包括以下四个方面：

（1）克服困难练习。困难包括客观困难和主观困难。客观困难是指风向、场地、伤病等。克服的办法多采用自我暗示法和在不同外界环境里参加训练和比赛的方法。主观困难是指对训练和比赛的消极态度。克服办法多采用自我暗示、教育、榜样作用以及在训练和比赛中，树立正确的态度和动机，培养冷静的自制能力。

（2）设置困难练习。有意识地在训练过程中设置困难、培养运动员克服困难的良好定式。其中良好的技战术水平是克服困难的重要保证。

（3）情绪调节练习。运动员要想在紧张的比赛中充分发挥自己的水平，

---

① 张永垛，刘积德，段立军. 网球运动发展理论研究与学练实践［M］. 北京：中国时代经济出版社，2014.

必须具备较强的自制能力。因此，运动员在训练中要逐步培养自己调节和控制情绪的能力，形成较好的情绪，保持兴奋状态。具体方法多用自我鼓励、自我说服、自我命令以及自我暗示和放松训练。

（4）培养意志能力练习。运动员要在日常学习、生活中，自觉培养自己克服困难的能力。培养对待困难的积极态度。

二、网球运动心理素质训练的方法

（一）意念训练法

意念训练是指在练习和比赛前想象要完成动作的要领和战术要点，集中教练员对自己的评价，并能通过语言纠正自己的不足，控制自己的情绪。在这一训练中，语言起着至关重要的作用。

（二）诱导训练法

诱导训练法是指在训练中采用有效刺激物把运动员的心理状态引导到某一个事物或方向上的训练方法，可为顺利完成训练与比赛任务建立良好的心理状态。诱导的途径是多样的，诱导者发出语音信号，或者通过做示范、展示图片、放录像和电视，由运动员的听觉器官或视觉器官接受信息，并按照预定要求去实施。在使用诱导训练法时要注意所采用的诱导手段应是运动员感兴趣的，能引起运动员注意力转移的，还要从诱导的目的、手段、信息传递方式及结果等多方面计划安排某一次诱导训练，切不可随意滥用，以防产生副作用。我们可以用此种方法训练运动员的表象素质，促进青少年网球运动员利用正确的动作表象采取合理的动作技术，发挥最佳的技战术水平。[1]

（三）模拟训练法

模拟训练法是指模拟设置未来比赛中可能出现的条件进行的训练。在模拟训练中，组织训练的主体，要通过所制造的模拟条件对训练的客体实施心理训练和控制。模拟训练内容包括很多，如对竞赛组成因素的模拟训练；对包括比赛环境在内的环境条件适应性的模拟训练；适应比赛对手特点的模拟训练；适

---

[1] 冯金花. 网球训练中的心理素质培养分析［J］. 体育世界（学术版），2018（10）：122-123.

应时差的模拟训练等。在进行模拟训练时，要对比赛的对手、环境、条件等各方面进行详细的了解和分析，然后根据分析研究的结果进行针对性的训练。激烈的网球比赛每个动作都是非常短暂的，在有限的时间能做出正确的判断合理的动作就需要采用模拟的训练来提高青少年的注意素质和放松素质，让运动员形成良好的肌肉记忆，以便在高水平比赛中发挥自己的最佳水平。

（四）生物反馈训练

生物反馈训练是指借助于现代化的科学仪器，把运动员机体的生理信号传递给运动员，使运动员反复练习，学会调节自己生理、心理机能的方法。例如，利用肌电仪可使运动员在示波器上观察到肌电的变化，提高运动员肌肉的感觉，准确地区分动作的用力时机和用力程度，以便更快、更好地掌握正确的技术动作；通过心率仪能及时了解并调节运动员的情绪，以最佳的心理状态参与到训练和比赛当中。

三、网球运动心理素质训练的意义

（一）有利于促进运动员心理过程的完善

人的心理过程包括认识、情感和意志过程三个方面。运动员要想取得优异的比赛成绩就必须要具有以下四种能力：

（1）精确的运动感知、清晰的运动表象能力、高度发展的思维敏捷性和灵活性。

（2）快速的反应能力和快速分析对手的意图、有效地做出行动决定的能力。

（3）长时间注意力集中的能力。

（4）坚强的意志品质、不断克服训练和比赛中可能遇到的困难的能力，并能较好地控制运动中千变万化的情感体验。

在网球比赛中，会出现各种各样的突发状况，如一个好球被判出界、一个出界球被判界内等，这一切能力都可以在心理训练中得到不断的完善。

（二）有利于运动员个性心理特征的形成

个性心理特征包括许多方面。在训练、比赛极度紧张的情况下，决定运动员行为特点的重要因素是对比赛及训练的感兴趣程度、动机、个人的性格特征和气质等。心理训练可以使运动员的个性心理特征更加适应现代网球运动,更好地促进运动员个性心理特征的形成和发展。

(三) 有利于运动员适宜心理状态的养成

运动员的心理状态是最容易发生变化的,这符合心理状态发展的基本规律,是运动训练所必备的最重要的心理机制的综合体现。心理状态的特点和水平直接影响运动员心理过程的稳定性以及在极度紧张的训练和比赛过程中控制自己心理状态的能力,因此要促进运动员形成参加训练和比赛的适宜的心理状态。

第七章 青少年网球运动中的营养与伤病处理

第一节 网球运动中的营养消耗与补充

一、网球运动的营养概述

营养是人体摄入的食物，经过消化、吸收、代谢和排泄，利用食物中的营养素和其他物质对人体的健康产生影响的过程，而不是专指某一种养分。营养由营养素和食物两个主要部分组成。

营养状况是决定人体身心健康的因素之一，对人体的生长发育、抵御疾病、强身健体等方面都发挥着重要作用。合理营养是指符合营养全面供给的饮食习惯，合理营养的基础是平衡膳食。要做到平衡膳食，需科学地选择与搭配食物，满足身体的实际需要。合理营养关系到人体的健康水平和免疫能力，对身体素质要求高、营养消耗大、训练艰苦的网球运动者来说尤为重要。

（一）营养素

营养素又称营养物质，是人体维持正常生命活动所需摄入的营养成分。它可以为人体生长发育、保持健康、从事劳动等提供所需的物质与能量。人体营养素的获取通常是以摄取食物的方式进行，当人体摄入的食物被消化、被吸收之后，食物中的营养素才能被人体所应用。

目前已知的40多种营养素大体可分为糖、蛋白质、脂肪、维生素、无机盐、水以及膳食纤维七类。

1. 糖

糖是指碳水化合物，糖类的作用是为人体的生命活动提供燃料，是神经系统和脑系统唯一的营养物质，部分糖类分子还参与细胞结构的组成。糖类除了为人体提供能量外，还有促进其他营养代谢的作用。糖类根据分子结构可分单糖、双糖和多糖，广泛存在于大米、面粉以及各种水果和蔬菜中，既是人体必需的营养物质，也是最为经济的营养物质之一。糖在一般膳食中的含量，应占每日所吃食物总能量的60%~70%。

2. 蛋白质

蛋白质被称为生命的载体，它是组成一切生命体的基本物质，同时也是维持人体生命、修补人体机体的重要材料。蛋白质与人类的身体健康有着非常紧密的关系，机体的生长、组织的修复、各种酶和激素对体内生化反应的调节、抵御疾病的抗体的组成等，无一不是蛋白质在起作用。蛋白质在一般膳食中的含量，应占每日所吃食物总能量的12%左右，在动物性食品如奶类、蛋类和鱼类等食品以及植物性食品如大豆、淀粉和玉米等食品中都含有丰富的蛋白质。

3. 脂肪

脂肪有"生命辅助剂"之称，它是人体细胞的重要组成部分，脂肪的补充对人体新细胞的产生发挥着至关重要的作用。同时，脂肪又是细胞生命的重要能源之一，机体细胞膜、神经组织和激素的构成均需要脂肪。脂肪组织在体内不仅有着贮存热量、调节和维持正常体温、保护和支持内脏器官的作用，而且还对脂溶性维生素的吸收有促进作用。脂肪主要分为两种，即动物脂肪和植物脂肪。其中，常见的动物油脂主要有奶油、牛油、猪油等；植物油脂主要有花生油、大豆油等。在食用的过程中，应以植物性油脂为主，同时搭配一些动物油脂。脂肪在一般膳食中的含量，应占每日食物总能量的20%~25%为宜。

4. 维生素

维生素被称为人体细胞营养吸收的"中介剂"，没有维生素的参与，细胞就无法吸收人体摄入的各种营养。维生素可以促进酶的活力或者成为辅酶中的一种，维生素在维持人体生长发育和生理功能上具有重要作用。维生素主要包括脂溶性维生素和水溶性维生素。维生素A、维生素D、维生素E等均属于脂溶性维生素，脂溶性维生素可以在体内储存，不需要每天摄入，过量摄入会引起中毒；维生素B、维生素C等水溶性维生素，水溶性维生素不能在体内储存的特点，因此，人体需每日从食物中摄取。人体可以从新鲜蔬菜、水果、粗粮和蛋黄等食物的摄取中补充人体所需的维生素。

5. 无机盐

无机盐又称矿物质，无机盐是指维持人体正常生理功能所必需的矿物质元素。无机盐虽然没有为人体提供能量的作用，但却是构成人体骨骼的主要成分，同时无机盐还有维持渗透压，保持酸碱平衡以及维持神经、肌肉正常生理功能等作用。无机盐种类繁多，以人体中无机盐含量的多少为依据，可以将无机盐分为宏量元素和微量元素。无机盐不能在体内合成，必须从体外摄入，因此人体应该适当补充如燕麦片、海参、虾皮、坚果、动物的肝脏、肾脏、马铃薯、大枣等无机盐含量较高的食物。

6. 水

水是生命之源，是人体不可或缺的营养素，水是人体中所占比例最多的成分，据统计，水约占成年人体重的60%~70%。水对维持人体的生命活动极为重要，如果失水量达到人体水总量的20%以上，人的生命或将危在旦夕。人类可以通过摄取食物、饮用水以及其他方式来获取人体所必需的水分。正常情况下，成年人每天需要补充2000~3000毫升的水来保证人体的正常生命活动。

7. 膳食纤维

膳食纤维又称粗纤维，具有改善肠道功能，调节脂类、糖类的代谢，帮助控制体重，预防心脑血管疾病、糖尿病等作用。膳食纤维可以分为可溶性膳食纤维和不可溶性膳食纤维两种，可溶性膳食纤维包括果胶、树胶等，不可溶性膳食纤维包括纤维素和半纤维素等。网球运动者可以从谷类、薯类、豆类、蔬菜、水果及植物性食物中获取膳食纤维，每日摄入量应为 25~35 克。①

(二) 食物分组

民以食为天，食物是人体获得能量和补充营养的重要途径，是人类维持生命并不断繁衍的物质基础。食物包括两个大的类别，即动物性食物和植物性食物。如果不同食物中所含营养素相同且能量含量相似，那么同一类别的食物在食物搭配时是可以相互替换的。多数情况下，食物又被分为以下六个类别：

1. 谷类和薯类（碳水化合物）

谷类和薯类（碳水化合物）包括谷类（大米、小米、玉米、荞麦、高粱等），薯类和高糖淀粉类（如甜面包、糖制糕点等），谷类和薯类食物对人体获取能量发挥着基础性的作用，但往往容易被运动者所忽略。在我国国民的饮食结构中谷类食品约占 49.7%，谷类食品的营养成分中含碳水化合物 70%、蛋白质 7.5%~15%、脂肪 1%~4%、矿物质 1.5%~3%及少量 B 族维生素。在选择谷类食物时应注意：加工精度越低的谷类食物其营养素损失越小。介于粮食和蔬菜之间的薯类食物同样在食物搭配中不可或缺，当其被用来替代粮食时可以提高膳食的营养价值，当其被制作成菜肴时也可以增加对人体碳水化合物的补给。

2. 蔬菜水果类

蔬菜水果类含有的营养成分主要包括碳水化合物、维生素和矿物质三类。人体获取维生素 C、胡萝卜素、维生素 B 和叶酸主要通过摄入新鲜蔬菜和水果来实现。同时，蔬菜、水果中含有丰富的矿物质，网球运动者可以把食用蔬菜和水果作为补充矿物质的方法之一。

3. 肉、禽、水产品、蛋类

肉、禽、水产品、蛋类除了为网球运动者提供优质蛋白质之外，还可以为其提供某些维生素和无机盐。为了达到运动者摄取适量饱和脂肪酸和胆固醇的目的，应该将蛋类和水产类区别开来，同时应告知运动者在摄入肉类食物时，摄入瘦肉类食物的比例应大于摄入肥肉类食物的比例，通常情况下，肉类中畜

---

① 杨三军，赵伟科. 高校网球教学与训练指导研究 [M]. 长春：吉林大学出版社，2014.

（猪、牛、羊）、禽类以及水产品所占比例应为4∶3∶3。以不饱和脂肪酸为主要组成部分的鱼类脂肪，可以为人体提供优质的维生素B和钙，其中海鱼含碘量丰富。在饮食构成中蛋类占1.4%，在营养价值和结构上各种蛋类基本相似，主要是为人体提供高营养价值的蛋白质。在为人体补充氨基酸时可以选择鸡蛋蛋白，鸡蛋蛋白不仅含有人体所需各种氨基酸，且氨基酸组成模式与合成人体组织蛋白所需模式相近，更容易被人体吸收。

4. 奶类和豆类

奶类和豆类食物能为网球运动者提供钙和优质蛋白质，同时还含有一些维生素和无机盐，依据合理的比例，奶类和豆类可以相互替换。当某些运动者对牛奶产生抗拒时，可以考虑用酸奶来替代。豆类及其制品中蛋白质含量35%~40%，碳水化合物含量25%~30%，脂肪含量15%~20%，且其氨基酸组成接近人体需要，因此可以将豆类及其制品作为补充优质蛋白质的主要途径。

5. 烹调用植物油类

烹调用植物油类可以提供人体必需脂肪酸和维生素E，减少脂肪的摄入量，但须摄入适量。

6. 运动饮料类

运动饮料类可以为网球运动者提供糖和无机盐等营养素，在运动训练中运动者会大量出汗，及时补液则对运动者的健康和运动能力的提高发挥积极作用。

二、网球运动的营养消耗

在网球运动中，对网球运动者的力量、速度、耐力、灵敏性、柔韧性有较高的要求，因此在为运动者提供膳食时，应该注重蛋白质、糖以及维生素B、维生素C、维生素E、维生素A的摄入。球的体积越小，对运动者机体维生素A的需求量要更高一些。网球运动作为小球运动项目，在力量、速度、耐力、灵敏性、柔韧性等方面对运动者有较高的要求。因此，食物中要含有丰富的蛋白质、糖类以及维生素（维生素B、维生素C、维生素E、维生素A）。同时，当运动者进行网球锻炼时，体内物质代谢变化很大，大量出汗使能耗增加，并使钙、钠、钾及维生素大量消耗和丢失，所以该运动的膳食要求是及时合理地补充水、电解质及维生素等，其中维生素包括维生素B、维生素C、维生素E、维生素A、叶酸等，同时需注意胆碱、泛酸等的摄入。

网球运动的营养消耗：持拍运动是间歇运动，包括上下肢肌肉参与相对短时间的爆发性活动，并伴有随后的休息。持拍比赛的比赛时间并不确定，比赛时间的长短取决于比赛中局数的多少，局数少可能在一小时内结束，局数多则需要几个小时，运动者每争夺1分往返击拍的平均持续时间为4~12秒。网球运动的持拍运动根据运动强度可以划分为中等强度和大强度两种，最大心率的范围为60%~90%，最大摄氧量为50%~80%。

在训练和比赛中，非乳酸性无氧代谢供能占主要地位，并有适当的乳酸性有氧供能。能量代谢方式为无氧、有氧混合型供能。如果比赛时间长，持拍运动的肌肉代谢则主要依赖于肌糖原。根据网球运动者训练量大、能量消耗大的特点，建议网球运动者每日热能供给的最佳值为2700~4200卡路里（平均3500卡路里）。[①]

三、网球运动的营养补充

网球运动者的营养摄入对运动者的训练成效和比赛成绩有很大的影响。运动者在训练中消耗的营养，需要在运动后通过科学的膳食搭配来补充。如果缺乏合理的营养保证，消耗后没有得到及时补充，那么机体会处于一种亏损状态。久而久之，对网球运动者的机体健康不利，会使运动者生理功能及运动能力下降，出现乏力、疲劳甚至疾病状态，因此，保持并不断提高健康水平的两个必不可少的条件是科学全面的营养补充和适量的运动锻炼。

（一）网球运动的营养补充

1. 热源营养素的补充

糖类的分解反应简单，容易氧化燃烧；脂肪和蛋白质的分解反应复杂，不易氧化，因此在体内不能完全燃烧，蛋白质的代谢产物——硫化物可使体液变

---

① 李东祁，张清雷，史明．网球运动技战术训练与发展研究［M］．北京：九州出版社，2018．

成酸性，加速疲劳的产生。所以建议网球运动者在补充营养时，应以谷类和动物性食物为主，这两类食物供给热量的效率最高。一般来说，糖类的来源是粗粮、水果、蚕豆、小扁豆、坚果以及植物种子。网球运动者可以在食用水果时搭配一些坚果，或在食用糙米的时候搭配一些鱼和坚果等。

2. 蛋白质的补充

对于运动者在训练结束后有无必要增加蛋白质营养，目前意见还不统一。但是运动者在生长发育期、运动量加大期和体重减轻期，当出现热能及其他营养水平下降等情况时，应增加蛋白质的补充量，而且应补充优质蛋白。在补充蛋白质的同时，也必须补充适量的蔬菜、水果等碱性食物，防止蛋白质的代谢产物硫化物使血液变为酸性而使运动者产生疲劳感。

3. 无机盐的补充

与正常健康人相比，网球运动者对无机盐的需求量并没有明显的差别，但当运动者在高温环境下训练或者运动量大时，则应该注意是否有因体内无机盐不足引起的无力和运动能力下降的表现。一般运动者每天每人的食盐需求量为6~10克，钙的需求量为1000~1200毫克，铁的需求量为20~25毫克。

4. 维生素的补充

在网球运动者的运动过程中，运动者自身所需要的能量、氧的摄入量和消耗量均有所增加，致使运动者体内的自由基也随之成倍地增多，最多时可达到平时的千倍。伴随着自由基的不断增多，运动者的机体需要消耗大量的抗氧化物质（如维生素B、维生素C、维生素E）来消除成倍增长的自由基。因此，食品营养专家提示，网球运动者在高强度运动后最好服用适量的维生素E补充剂和富含维生素E的食品。除此之外，维生素E补充剂和富含维生素E的麦胚及其制品，还有帮助运动者减轻肌肉酸痛、消除疲劳、恢复体力的作用。

5. 水分的补充

人在剧烈运动时，由于消耗能量而发热，使得体温上升，出汗成为调节机体热平衡主要的途径。运动中的排汗率和排汗量与很多因素有关，运动强度、密度和持续时间是主要因素，运动强度越大，排汗率越高。此外，外界气温、湿度、运动者的训练水平和对热适应等情况都会影响排汗量。因此，假如网球运动者不能及时补充水分,就会增加脱水的可能性,同时也会加大心血管负担,甚至会损伤肾功能。[①]

(二) 网球运动营养补充的误区

1. 强调特殊营养的补充,忽略基础营养的摄入

在营养补充的过程中,网球运动者常常进入一个误区:过分关注特殊营养的补充,认为特殊营养补充可以提高身体机能,而忽视了基础膳食营养的作用,造成了基础膳食营养和特殊营养摄入的失衡。事实上,只有在保证了基础营养的前提下,再根据运动项目的特点,补充特殊营养才能充分发挥强化营养的作用。

2. 强调宏量营养素摄入,忽略微量营养素的摄入

在宏观营养素的摄入方面,网球运动者通过吃一些高脂肪、高蛋白、高热量的食品来加强营养,但是脂肪和蛋白质摄入过多对运动能力却是有害的。高蛋白质和高脂肪膳食不仅造成热能摄入过剩,还会对机体的内脏器官造成负担,影响机体对其他营养素的吸收。同时还会造成运动者体质酸化,影响机体的恢复。部分运动者存在着维生素 A、维生素 B、维生素 C 摄入不足以及钙、铁、锌摄入不足,造成运动能力和身体功能下降的问题,影响身体健康。

3. 强调蛋白质补充,忽略碳水化合物摄入

由于蛋白质是维持生命活动最重要的营养素,所以运动者力求通过摄入更多的蛋白质来促进身体机能的恢复。运动者普遍持有的观点是膳食中摄入的肉越多,越有营养;相反,如米、面和一些新鲜的含碳水化合物的食物摄入则几乎被忽略。研究表明,中国运动者膳食中碳水化合物提供的热能仅为总热能的32%~52%。碳水化合物摄入严重不足不仅会严重影响运动者训练质量和运动能力,而且会影响其他物质的正常代谢。

4. 强调晚餐的丰盛,忽略早餐的多样性

一日三餐热能分配应与运动者的训练相统一,但是早餐的重要性却往往容易被网球运动者所忽视,有些网球运动者甚至不吃早餐,存在着"早简晚盛"

---

① 刘学哲,张虎祥,吕超. 高校网球教学理论与技能训练研究 [M]. 长春:吉林大学出版社,2012.

的现象。运动者早餐的热能仅占全天的19%，而晚餐的比例远远高于合理的摄入比例。早餐和午餐比例不合理导致机体各种营养素的摄入不足，使各种营养物质得不到及时的恢复，明显影响运动者训练期的能量供应和训练质量。因此，无论是从营养角度还是从运动角度，都应重视早餐的多样性。

5. 强调口渴补水，忽略补液的科学性

研究表明，运动中脱水会引起血容量下降、增加心脏的负担，一旦体液丢失达到体重的2%~3%，运动能力就会受到损害。部分网球运动者缺乏合理补水的知识，把口渴作为脱水的指征，然而当一个人感到口渴时，其体液丢失已经达到体重的2%~3%，此时运动能力也已受到损害。此外，运动者在补充水分的过程中，应多补充一些含矿物质、维生素和碳水化合物的水。

6. 强调食物的品种，忽略食物的相克现象

食物相克是指食物中的各种营养素和化学成分存在着相互拮抗、相互制约的关系。膳食中由于营养素搭配不当，往往会影响人体对这些营养素的消化吸收，以及在代谢过程中造成某些营养缺乏，从而影响运动者的运动能力和锻炼效果。如小葱配豆腐、菠菜配豆腐，豆腐中含有硫酸钙、氯化镁等无机盐类，如和蔬菜中的草酸相遇，则化合为草酸钙和草酸镁，这两种化合物产生白色沉淀，不能被人体吸收，从而破坏豆制品中的钙营养。当前网球运动者和教练员对食物相克方面的认知相对薄弱，在日常膳食中没有避免相克营养素共同摄入的问题，出现了运动者的膳食水平不断提高，但营养素却不平衡的现象。

(三) 网球运动者膳食营养的总体安排

1. 食物的数量与质量应合理

在食物搭配上，应关注大米、面和馒头等主食的科学摄入。主食中含有丰富的糖类，能供给运动者充足的能量。快速释放能量的糖类会在人体内制造压力，刺激皮质醇的产生。因此，网球运动者在锻炼时，不应该将食用葡萄糖、糖果以及其他添加糖分的食品作为首选，同时要避免进食过多的肉类。目前国内的网球运动员缺乏蛋白质的现象已很少见，吃过多的肉食不仅不会给人体提供高能量，反而会给身体带来许多负担和危害，如引起高脂血症和冠心病等疾病的发生。动物性蛋白质和植物性蛋白质的比例要适宜，应多食牛奶和豆制品

以代替部分肉类。吃各种各样的蔬菜和水果,特别应强调增加生食的蔬菜,以减少营养素的损失。少吃或不吃油炸食物、肥猪肉、烤鸭、腊肉、奶油等,它们可能带给人体内过多的脂肪,引起肥胖。

2. 食物应当营养平衡和多样化

酸性食物或碱性食物不是指味道酸或碱的食物,而是指食物经过消化吸收和代谢后产生的阳离子或阴离子占优势的食物。因此,不能把食物的味道作为区分酸性或碱性食物的依据。因为运动后人体内的糖类、脂肪、蛋白质被大量分解,产生乳酸、磷酸等酸性物质。这些酸性物质会刺激人体组织器官,会使人的体液更加酸性化,不利于肌肉、关节和身体功能的恢复,严重时还会引起酸中毒而影响健康。所以,在运动后不宜大量食用大鱼大肉等酸性食物,而应多食一些蔬菜、豆制品、水果等碱性食品,以保持人体内的酸碱平衡,从而达到消除运动疲劳的目的。

3. 重视一日三餐的合理营养

网球运动者应该根据每天的锻炼量,科学搭配三餐食物种类和数量,不能根据自己的喜好来选择食物。同时,网球运动者应该合理规划两餐之间的间隔和每餐的数量与质量,使进餐与日常生活制度和生理状况相适应,并使进餐与消化吸收过程协调一致。合理的膳食制度,有助于提高劳动和工作效率。两餐间隔以4~6小时为宜,各餐数量分配要适合锻炼的需要和生理状况,较适宜的分配是早餐占全天总热能的25%~30%,午餐占全天总热能的40%,晚餐占全天总热能的30%~35%。

4. 健身者要养成合理的饮食习惯

如果网球运动者在空腹和刚进食后就开始运动,那么对其身体健康是非常不利的。在运动前30分钟应食用少量食物,可以避免因为体力活动而导致的功能紊乱,同时还可以增强运动效果。进食后30分钟之内不要进行体力活动。晨练前,早餐最好食用少量的奶制品、谷类食品、水果饮品及运动营养食品,但一定要避免食用难以消化吸收的食物。

5. 合理补水

网球运动者的水分摄取量应坚持满足机体失水量、保持水分平衡的原则,不能把有无口渴作为判断是否补水的依据。在日常锻炼无明显出汗的情况下，每日水分的需求量为2000~3000毫升。大量出汗时，应采取少量多次补给，长时间大量出汗时，应每隔30分钟补液150~250毫升。运动前也应补液400~700毫升，因为运动中水分的最大吸收速率是800毫升/小时。

在运动过程中，应根据运动时间的长短及时补充水分，如果运动时间不超过1小时，那么每15分钟应饮水150~300毫升；运动时间在1~3小时，应及时饮用糖水，以免出现低血糖。但切记，运动时一定不要饮用冰水。运动者剧烈运动时，饮用冰水则引起消化系统的不良反应。

6. 合理地选择运动营养保健品

运动营养保健品，亦称强壮食品或功能食品，是专为从事运动的人群而设计的一类特殊营养品。为保证网球运动的有效性，网球运动者在合理膳食的基础上，可以科学合理地选用运动营养保健品。

第二节 网球运动中的损伤护理

人体在体育运动过程中所发生的损伤，称为运动损伤。运动损伤与在日常生活、工作中的损伤不同，它多与体育运动项目及技战术动作特点紧密相关，同时也受运动训练水平、运动环境与条件等因素的影响。分析总结运动损伤发生的原因、规律、治疗效果、康复时间等，不仅可以有效地防治运动损伤，而且也为改善运动条件、改进教学和训练方法、提高运动成绩提供了科学依据和实践指导。

一、运动损伤的产生原因

造成运动损伤的原因较多，归纳起来可分为以下几方面：

（一）不良气象的影响

气温过高易引起疲劳和中暑，气温过低易发生冻伤，或因肌肉僵硬、身体协调性降低而引起肌肉韧带损伤;潮湿高热易引起大量出汗,发生肌肉痉挛或虚脱;光线不足、能见度差影响视力,使网球运动者兴奋性降低、反应迟钝等,均有可能引发运动损伤。

(二)场地设备的缺陷

网球运动场地坑坑洼洼,有小碎石或杂物;跑道太硬或太滑;沙坑没掘松或有小石头,坑沿高于地面,踏跳板与地面不平齐;器械维护不良或年久失修,表面不光滑或有裂缝;器械安装不牢固或安放位置不妥当,器械的高低、大小或重量与运动者的年龄、性别特点不符合,缺乏必要的防护用具(如护腕、护踝、护腰等);网球运动者在运动时的服装和鞋袜不符合运动卫生要求等。

(三)组织方法不当

在网球运动的教学过程中,教师不遵守循序渐进、系统性和差异性以及比赛的年龄分组原则;在组织方法方面,教师没有进行正确的动作示范和耐心细致的教导,学生缺乏保护和自我保护意识,组织性纪律性较差,比赛日程安排、比赛场地、比赛时间安排不合理,有病或身体条件不符的网球运动者参加比赛等,都可能引发运动损伤。

(四)思想上不够重视

运动损伤的发生通常与网球运动者和教练员对预防运动损伤的知识了解不够、重视不足、思想上对运动损伤不够关注等有十分密切的关系。网球运动者与教练员多存在着某些片面认识,平时不重视安全教育,在体育教学、运动训练和比赛中没有积极采取各种有效的预防措施,发生运动损伤后不认真分析原因、总结经验教训,使运动损伤事件时有发生。

(五)身体功能和心理状态不佳

睡眠或休息不好、患病受伤、伤病初愈阶段或疲劳时,肌肉力量、动作的准确性和身体的协调性显著下降,警觉性和注意力减退,反应较迟钝,此时网球运动者参加剧烈运动或练习较难的动作,就可能发生损伤。此外,运动损伤还与网球运动者心理状态的好坏有着紧密的关系,运动者心情不好、情绪低落或急躁、缺乏锻炼的积极性或急于求成、胆怯、犹豫等,都可能引发运动损伤。某些青少年运动者缺乏锻炼的知识和经验，好奇心强，不顾主观和客观条件，盲目或冒失地参加运动，也容易发生运动损伤。

(六) 缺乏合理的准备活动

网球运动者做准备活动的意义在于进一步提高中枢神经系统的兴奋性，增强各器官系统的功能活动，使人体从相对的静止状态过渡到紧张的活动状态。据有关调查资料分析，缺乏准备活动或准备活动不合理，是造成运动损伤的主要原因之一。在准备活动中，网球运动者应避免以下五个经常出现的问题：不做准备活动或准备活动不充分、准备活动的内容与正式运动的内容结合得不好或缺乏专项准备活动、准备活动的量过大、准备活动的强度安排不当、准备活动距正式运动的时间过长。

(七) 运动负荷过大

教练员安排运动负荷时，没有考虑网球运动者的生理特点，运动负荷超过了网球运动者可以承受的生理负担量，尤其是局部负担过大，引起微细损伤的积累而发生劳损，这是专项训练中造成运动损伤的主要原因。局部负担量过大同样存在于大、中学校的体育课或学校体育代表队的训练中。如一节体育课的几项内容搭配不合理，都会对人体某一部位造成较大的负担，或在运动训练时急于求成，训练方法单一，都会造成网球运动者局部负担量过大，进而出现运动损伤。

(八) 技术动作错误

参加运动训练时间不长的网球运动者或者学习新动作时发生运动损伤的另一个原因是技术动作的错误。技术动作错误违反了人体结构功能的特点及运动时的力学原理而造成损伤。

(九) 动作粗野或违反规则

网球运动者在比赛中不遵守比赛规则，或在网球运动教学过程中相互逗闹，动作粗野，故意犯规等，也是网球运动中发生损伤的重要原因。

二、网球运动损伤治疗原则

(一) 急性损伤的治疗

治疗的主要目的是止血、止痛、消肿，控制炎症反应，恢复正常关节活动范围，进行柔韧性、肌肉力量、耐力、平衡和协调性的练习，最终能最大限度地恢复其功能并能无痛地进行所有的活动。但在治疗中，要注意急性损伤的时限，伤后24小时内应对受伤的组织进行以下处理：

（1）限制并减少活动，使受损的组织适度恢复，以免加重症状。

（2）用冷疗方法进行处理（对于有心血管疾病及肢体血液循环不好的病人慎用），目的是加速血管收缩，减少出血，镇痛及缓解肌肉痉挛。

冷疗方法有以下5种：

1）冰擦。将冰块用纱布包裹或直接用冰块擦拭损伤部位及周围组织，每次5~10分钟，4~5小时擦一次，第2天5~6小时擦一次。

2）将损伤部位置于冰水混合液中30秒后（皮肤潮红）取出，待感觉恢复正常后再放进去，3~4次为1组，每日5~6组。

3）冰袋敷于伤处，每次20~30分钟，3~5小时重复一次。

4）加冰水的冷毛巾敷，20~30秒更换一次，开始1~2小时重复一次，而后4~5小时重复一次。

5）凉水冲泡不少于5分钟。

（3）加压包扎（内敷新伤1号药膏效果更佳）可减少肿胀及出血，用高弹性自粘绷带或其他适宜的装置来保护损伤部位，缠绕时要从远到近，睡眠时可去除（伤后24小时内最好不要去除）。

（4）若四肢损伤，为减少体液的淤积，应适度抬高患处。伤后24~48小时进行以下处理：

1）封闭疗法。

2）温热水疗法、中药熏洗、淡盐水浸泡。

3）理疗如超声波、超短波治疗等。

4）按摩推拿。

5）针灸疗法。

6）扶他林等外用药涂擦等。

（二）慢性损伤的治疗

对于慢性损伤，需要经过专业医生诊断后再根据具体情况给予不同的处理。在训练时应动作规范,避免形成不良运动姿势和习惯。重复练习某一动作(如发球)时,不宜持续过长时间。避免单一训练形式,加强预防是每位体育锻炼者必须注意的问题。

(1)重视并做好锻炼前的准备活动,牵拉肌肉、韧带要充分。

(2)训练要遵循由少量开始、循序渐进的原则,用力适度,开始阶段的运动时间不宜过长。不要带伤继续运动。

(3)要重视基本体能训练。提高肌肉的力量及柔韧性,使自己能够适应网球运动的强度。

(4)加强易伤部位的防护,佩戴适宜的护具。坚持使用支持带,如护肘、护腕、护膝、护踝、护腿等。物理康复治疗对于运动损伤治疗有不可替代的作用。

(5)抓紧急性损伤的治疗,伤后要注意休息,减少急性损伤变成慢性损伤的可能。在发生运动损伤时,遵循急性损伤治疗原则(休息、冰敷、加压包扎、抬高患肢),应用抗炎止痛类药物。

(6)重视运动前的"热身"和运动后的"冷身"。做好训练后的整理活动,使肌肉充分放松。

三、运动损伤的处理

(一)运动挫伤

网球运动者肌体某部受钝性外力作用,导致该处及其深部组织的闭合性损伤,称为挫伤。网球运动中的跑、跳等都易发生挫伤。同时,有些网球运动的对抗性很强,常常发生内脏器官的受伤,主要表现为头晕、脸色苍白、出虚汗、心慌、四肢发凉等,严重的甚至会有休克症状。还有外部挫伤,主要表现在大腿的肱四头肌和小腿前部的骨膜和后部的小腿三头肌、腓肠肌。此外,腹部、上肢、头部的挫伤也时有发生。挫伤后,以疼痛、肿胀、皮下出血和功能障碍的症状为主。

处理方式:必须在一天内进行局部冷敷、外敷或包扎等,并抬高患肢,以减少出血和肿胀。肱四头肌和小腿后群肌肉的严重挫伤多伴有部分肌纤维的损伤或断裂，组织内出血形成血肿，应将肢体包扎固定后，迅速送医院诊治。头部、躯干部的严重挫伤可能会伴有休克症状，应认真观察呼吸、脉搏等情况，休克时应首先进行抗休克处理，使伤员平卧休息、保温、止痛、止血，疼痛严重者，可口服可卡因，或肌肉注射哌替啶，并立即送医院诊治。[①]

（二）运动擦伤

粗糙的物体相互摩擦而引起的皮肤表层的损害，叫作擦伤。主要症状为表皮剥脱，有小出血和组织液渗出。擦伤是外伤中最轻、最常见的一种，约占运动损伤的16%。

处理方式：较轻较小的擦伤，可以用生理盐水或其他药水冲洗伤部，最常见的就是涂抹红药水或紫药水，无须包扎，一周左右就可痊愈。面部擦伤宜涂抹0.1%新苯扎氯铵溶液。通常较大的擦伤伤口易受污染，需用碘酒或酒精在伤口周围消毒，如果创面中嵌入沙粒、炭渣、碎石等，应用生理盐水、棉球轻轻刷洗，消除异物，消毒后撒上云南白药或纯三七粉，盖上凡士林纱布，适当包扎。若不发生感染，两周左右即可痊愈。关节周围的擦伤，在清洗、消毒后，最好用磺胺软膏或青霉素软膏等涂敷，否则会影响活动，并易重复破损。

（三）运动撕裂

网球运动中，因剧烈的运动而产生的强烈的冲撞，很容易造成肌肉撕裂，这种受物体打击而引起的皮肤和皮上组织均出现规则或不规则的裂口，叫作运动撕裂。

处理方式：伤口小，不严重，则用红药水、碘酒或酒精涂抹伤口即可，然后用云南白药或其他药物和方法止血，再用消毒纱布覆盖，并适当加压包扎。如不能制止出血，应尽量在靠近伤口处按规定缚以止血带，立即送医院治疗。伤口较大、较深、污染较严重时，应立即送医院进行清创缝合手术，并口服或注射抗生素药物预防感染，并按常规注射破伤风抗毒素。

（四）运动扭伤

网球运动过程中，由于激烈的对抗或用力过猛造成关节扭伤。也有因技术

[①] 刘学哲，张虎祥，吕超. 高校网球教学理论与技能训练研究 [M]. 长春：吉林大学出版社，2012.

动作错误而引起的关节囊、关节周围韧带和关节附近的其他组织结构损伤。关节扭伤后，关节及周围出现疼痛、肿胀，有明显的压痛感觉，关节活动障碍。

处理方式：韧带的轻微扭伤，可以采用冷敷和加压包扎或是外敷活血止痛的药物，一天之后可采用理疗或按摩治疗。韧带完全断裂，关节失去功能，应立即送医院手术缝合和固定处理。当关节肿胀和疼痛减轻后，可适当地进行功能性的运动，但不宜过早运动，防止转为慢性疾病。

(五) 运动关节脱位

关节面失去正常的连接，叫作关节脱位。如网球运动中的对抗，摔倒时手撑地引起的肘关节或肩关节脱位。此时，通常伴有关节囊撕裂，关节周围的软组织损伤或破裂。关节脱位后，关节完全不能够活动，甚至发生肌肉痉挛现象，并且伴随着关节畸形，关节内发生血肿。受伤关节疼痛，有压痛和肿胀。如果复位不及时，血肿会机化而发生关节粘连，增加关节复位的难度。

处理方式：应马上用夹板和绷带在脱位所形成的姿势下固定伤肢，如果没有夹板，可用纸板、绷带或布巾，将伤肢固定在网球运动者的躯干或健肢上，防止震动，并尽快送医院治疗。必须注意的是，如果没有把握做好整复处理时，切忌随意做整复手术，以免加重损伤，增加疼痛。

(六) 腿部屈肌拉伤

在完成各种动作时，当肌肉主动收缩或被动拉长超出其所能承担的能力时，可造成大腿部肌肉的急性拉伤。准备活动不充分、不恰当地使用猛力、疲劳或负荷过度、技术动作有缺点、气温过低、场地粗糙是常见的致伤原因。该肌群运动肌肉弹性、伸展性差，肌力弱是发生损伤的内在因素。肌肉拉伤轻者，可能仅有少许肌纤维撕裂或肌膜破裂；重者可能造成肌肉大部或完全断裂。

处理方式：肌肉微细损伤或伴有少量肌纤维撕裂者，伤后应迅速给予冷敷，局部加压包扎，休息时应抬高患肢。24~48小时后可以开始理疗和按摩，按摩时手法宜轻柔，伤部仅能做些轻推摩，伤部周围可做揉、捏、搓等，同时配合点压穴位（即伤周穴位）。如肌肉大部或完全断裂者，在局部加压包扎并适当固定患肢后，应马上送往医院诊治。

(七) 腰部筋膜炎

腰肌筋膜炎，即腰肌劳损，其病理改变是多种多样的，包括神经、筋膜、肌肉、血管、脂肪及肌腱的附着区等不同组织的变化。通常为急性扭伤腰部后，治疗不彻底即参加运动，逐渐劳损所致。另外，网球运动过程中运动者出汗受凉也是重要成因之一。其症状主要有局部酸疼发沉等自发性疼痛，最常见的疼痛部位是腰椎 3、4、5 两侧骶棘肌鞘部，不少患者同时感觉有疼麻放射到臀部或大腿外侧；大部分伤者尚能坚持中小运动量的网球运动，一般表现为运动前后疼痛；在脊柱活动中，尤其是前屈时常在某一角度内出现腰痛。[1]

处理方式：可采用理疗、按摩、针灸、封闭、口服药物、用保护带及加强背肌练习等非手术治疗手段。对顽固病例可手术治疗。

（八）脑震荡

头部受到外力打击或撞击后，使大脑管理平衡的膜半规管、椭圆囊、球囊等感受器官功能失调，并引起的大脑暂时的意识功能障碍，叫作脑震荡。脑震荡的主要表现是神志不清、肌肉松弛、脉搏徐缓、瞳孔放大、神经系统反应减弱或消失等。清醒后，常伴有头痛、头晕、恶心、呕吐感，情绪烦躁、注意力不集中、失眠等症状。

处理方式：网球运动者受伤后应立即做到两点：其一，让伤者平卧，头部冷敷，若有头昏应立即指压人中穴、内关穴、合谷穴。其二，若伤者呼吸发生障碍，应立即进行人工呼吸。在上述处理后，如出现反复昏迷，或耳鼻口出血，瞳孔放大且不对称时，表明病情严重，应立即送往医院。在运送的过程中，要让伤者平卧，头部固定，以防颠簸。脑震荡一般都可自愈，无须住院，但是要注意休息和必要的药物治疗，保持情绪稳定，减少脑力劳动。在恢复的过程中可以定期或不定期地做脑震荡痊愈实验。

具体方法是闭目，单腿站立，两臂平举，如果能保持平衡，表明基本痊愈。这时，可以适当地参加网球运动，但要避免翻滚和旋转性动作，以防复发。

（九）肌肉拉伤

1. 损伤原因及症状

肌肉拉伤的原因是在运动过程中，肌肉急剧地收缩或者过度牵拉所引起的

---

[1] 杨三军，赵伟科. 高校网球教学与训练指导研究［M］. 长春：吉林大学出版社，2014.

伤痛，发生这种情况通常有以下原因：准备运动做得不充分，肌肉的生理机能不能适应运动状态；平时训练不足，肌肉的力量和弹性不足；运动过量致使肌肉疲劳、过度负荷，令肌肉的力量减弱、协调性降低，整体机能下降；在动作完成时，肌肉过度收缩或者被过度拉长超过了肌肉的负担能力。在发球、高压球及正反手击球时都有可能造成肌肉拉伤。网球活动时腿部及手臂肌肉是容易拉伤的部位。肌肉拉伤后，拉伤部位剧痛，用手可摸到肌肉紧张形成的索条状硬块，触痛明显，局部肿胀或皮下出血，活动明显受到限制。

2. 治疗方案

肌肉拉伤后，要立即进行冷处理——用冷水冲局部或用毛巾包裹冰块冷敷，然后用绷带适当用力包裹损伤部位，防止肿胀。要放松损伤部位肌肉并抬高伤肢，可服用一些止疼、止血类药物。受伤 24 小时后，根据伤情可外贴活血和消除肿胀的膏药，可适当热敷或用较轻的手法对损伤局部进行按摩。拉伤治疗步骤如下：

（1）韧带和肌肉拉伤之初，受伤部位会出现红肿、充血的症状，此时要马上停止运动，尽量不让受伤腿承重，避免伤势加重。

（2）用冰块袋进行冷敷处理，以缓解疼痛和肿胀症状，每次冷敷 15 分钟左右，每天 3 次。

（3）可以用透气性好的绷带对伤处进行包扎，这可以缓解淤血症状。绷带的松紧度要适中，同时抬高病患处，避免瘀血，伤后一周内不要跑跳。可以做幅度较小的伸展运动。

（4）伤情得到有效控制后，建议到医院进行检查处理，采用按摩、针灸、外用药膏的治疗方式。

3. 康复锻炼

第一，重视热身运动。专业运动员对热身运动都是非常重视的，相反是初学者对热身运动不太重视。一般来讲，热身运动的时长应该是 10~20 分钟，通过放松肌肉、牵拉运动、轻度的活动"提醒"肌肉马上就要进行大运动量的活动了。

第二，运动量要讲究循序渐进。运动量主要包括运动时间和运动负荷，很多人平时的运动量是半小时,突然增加到1~2小时;或者平时负重15千克,突然增加到30~40千克,这样容易造成运动损伤。

第三,加强运动理论的学习。学习运动理论至关重要。很多技巧性的运动项目,如果姿势不正确,或者动作不规范,很容易造成运动损伤。业余爱好者更应该加强运动理论的学习,掌握正确的运动方法。

第四,加强局部保护。如佩戴护具,加强局部组织的保护。

第五,运动前适当补充能量和电解质。

(十) 网球肘

1. 网球肘损伤原因及症状

网球肘又称肱骨外上髁炎,是骨科的一种常见疾病。网球肘疾病的本质是肱骨外上髁部伸肌总腱的慢性损伤性肌筋膜炎。腕部持重或活动过度与发病有直接关系。多数情况下是由于小的损伤积累而逐渐出现的,也有一次性损伤所致的。国球运动中多是动作不正确或是球拍过重、多次重复单一动作造成的前臂肌肉紧张过度。症状是肘部痛,从而转化为整个手臂疼。

网球肘的临床特点是,活动时做某一动作时肘部外侧自觉疼痛,多数没有明显的外伤史,症状逐渐加重,疼痛变为持续性,甚至夜间肘部疼痛而影响睡眠,也可能出现手臂无力。

2. 治疗方案

常见治疗措施是停止运动,按摩,固定肘关节,进行必要的休息。预防方法是增加臂力练习、纠正错误动作、选择合适重量的球拍等。

(1) 早期,可在活动时减量或休息,待不痛后再活动,也可用扶他林等外用药擦拭(注意:应用药物之前先用温热水浸泡肘关节几分钟,再将2~3毫升药物涂到患处,用手指稍加用力擦拭效果更好)。

(2) 可采用按摩治疗、封闭疗法等。

(3) 活动时带护肘或用弹力绷带缠绕前臂。

(4) 手术治疗。对于久治不愈而严重影响生活者,可在关节镜下手术或切开手术。

3. 康复锻炼

预防网球肘,可进行以下练习:

（1）肘关节屈曲 90 度，腕关节尽力做掌屈前旋练习，每日 50~100 次，可分 2~3 组练习。

（2）拍打伸肌群，以有酸痛感为度，每组 50 次左右，每日 2~3 组。

（3）自我按摩伸肌群，以压、揉、拿、捏为主，有酸痛感为度，每次 10~15 分钟，每日 1 次。

（十一）跟腱断裂

1. 损伤原因及症状

跟腱断裂是一种常见的运动伤病，又称跖肌腱断裂，因多见于网球运动员，故名"网球腿"。跖肌是肌腹短小而肌腱细长的一种退化的肌肉，它的受伤往往发生在膝关节伸直时足突然用力提踵起跳的瞬间。伤势轻则影响运动，重则当即可听到断裂声或感到小腿后侧有被球"击中或中弹"的痛感，受伤后行走困难，疼痛剧烈，肿胀，皮下淤血，关节活动明显受限。其受伤原因多是突然发力或剧烈运动时急停、变向，跟腱韧带劳累过度等。症状为足部表面无异常现象，但有剧烈撕裂疼痛。

2. 治疗方案

紧急措施是快速用冰块冷敷受伤部位，固定踝关节，抬高患肢，去医院就诊。预防措施是充分做好热身活动。

3. 康复锻炼

预防网球腿，要加强小腿肌肉的力量和柔韧性训练，每次运动前特别是天气寒冷和阴雨天时要充分做好准备活动，运动中可用护腿或弹力绷带保护，运动后应进行踝关节背伸练习 50~100 次。

（十二）膝关节损伤

1. 损伤原因及症状

膝关节损伤是一种常见的运动损伤，原因非常复杂。既可能是膝关节韧带紧张过度，先天膝关节脆弱等造成的，也可能是在比赛中由于需要快速变向以及脚着地时地面对膝关节所造成的冲击力造成的。症状是紧张、剧烈运动或负荷过重时疼痛，伴有水肿。最常见的损伤是髌腱炎、膝关节韧带和软骨损伤以及半月板撕裂。

（1）髌腱炎。髌腱炎又称"跳者膝"，表现为髌骨下缘压痛。常见于需要反复弯曲膝关节、经常跳起的运动，如网球、篮球、排球和跳远等。髌骨肌腱在膝关节的运动中起着极其重要的作用，并承受很大的压力，连续的跳跃和剧烈冲击会导致髌腱受损。髌腱炎的症状为髌骨周围局部疼痛和肿胀，在伸膝时症状加重。

（2）半月板撕裂。半月板位于膝关节外侧和内侧，大腿骨（股骨）和小腿骨（胫骨）之间。在体育运动时，半月板起到支持、保护和缓冲的作用，但某些动作可能会挤压半月板，一旦超出其承受极限，就有可能发生半月板的撕裂。

1）半月板撕裂需要两个前提条件，即股骨和胫骨间的挤压和旋转。在网球比赛中，如果选手的身体旋转去接球，而双足仍然固定在原地时就非常容易发生半月板撕裂。

2）半月板撕裂的症状通常包括严重的局部疼痛、肿胀和活动受限，同时还会出现"打软腿"、弹响、绞锁等症状。

2. 治疗方案

膝盖损伤国内一般采用恢复性的保守治疗。国外手术治疗比较多，主要是膝盖方面的劳损性的治疗。一般可先去医院拍 X 线片，若 X 线片查找不出原因应进一步做 CT 检查半月板有没有问题。排除这些后，可能就是膝盖韧带损伤，可以找正规推拿医师帮助推拿复位。

（1）髌腱炎的治疗。髌腱炎最常用的治疗方法包括休息、冰敷以及用消炎止痛类药物，物理康复治疗也有帮助。

（2）半月板撕裂的治疗。范围很小的半月板撕裂有可能自行愈合，不过需要很长的时间（约6周）。在此期间应该尽可能休息，使用拐杖，避免患肢负重。涉及较大范围的半月板撕裂则需要手术治疗。根据撕裂的不同部位、形态和程度，可以进行半月板缝合或者半月板部分切除。

无论是保守治疗还是手术治疗，后期都需要物理康复师的参与以恢复膝关节的活动范围和肌肉力量。

3. 康复锻炼

预防和治疗包括做好充分准备活动，加强关节力量练习，做到技术动作正确，少做变向跑，选合适的鞋子、戴护膝等。膝关节损伤的预防，应在专业教练指导下练习。运动前后，充分地热身和冷身（慢节奏运动）。佩戴适当的膝关节支具（护膝）、提踵及其他小腿肌肉训练。下面介绍两个康复方法：

（1）靠墙静蹲，背靠墙站立，双足前移一小步，屈膝下蹲使身体重心下降，直至大腿与地面平行。如果下蹲出现疼痛，可控制在疼痛点出现前停止，保持半蹲位。尽可能维持最长时间，或每次20~30秒为一组，完成3~5组。靠墙静蹲可以很好地帮助运动员增加膝关节的稳定性，康复和预防膝关节损伤。

（2）单腿平衡，单腿支撑，保持身体呈直立，尽量保持最长时间，或者每次20~30秒为一组，完成3~5组。还可以闭眼完成练习，或使身体重心上下移动，即支撑腿适度进行屈伸活动的同时保持身体平衡。由此帮助提高身体平衡能力，以及踝、膝关节、躯干的稳定控制能力，对预防、康复下肢和腰部损伤很有作用。

四、运动损伤的预防

运动后损伤的预防要注意以下五点：
（1）加强运动安全教育。克服麻痹思想，增强预防损伤的意识。
（2）认真做好准备活动。对可能发生运动损伤的关节和易伤部位，要及时做好预防措施。
（3）合理安排运动量。在网球运动过程中，避免局部运动器官负担过重。
（4）加强保护与帮助。在加强同伴间的相互保护与帮助的同时，特别要加强和提高自我保护能力。例如，摔倒时立即屈肘、低头、团身滚动，由高处跳下时用前脚掌着地，同时屈膝缓冲等。
（5）加强医务监督，提高自我保健意识。

第三节 网球运动中的疾病处理

网球运动者的运动疾病是指因运动者的身体对运动不适应，引发运动者体内调节平衡的功能紊乱，进而出现的疾病、综合征或功能异常等。常见的运动疾病包括过度紧张、过度训练、运动性心律失常、运动性高血压、运动性贫血、运动性尿蛋白、运动性血尿、运动性腹痛、运动性中暑以及肌肉痉挛等。

一、过度紧张

过度紧张是指网球运动者在比赛或训练时，运动负荷超过了机体的承受能力而引起的生理功能紊乱或病理现象。

（一）发病原因

以下几类网球运动者出现过度紧张疾病的可能性较大：训练水平低、经验较少的新手；因伤病长期中断网球运动训练的运动者；突然进行剧烈的运动或比赛的网球运动者；受巨大精神刺激后的高水平网球运动者。一般认为昏厥型的产生是脑缺血造成的，由供血量的减少或脑血管痉挛引起。脑血管痉挛型发病机理可能与某些脑血管先天畸形或运动时脑部供血障碍有关。急性胃肠道综合征的病理机制可能与胃局部血液循环障碍有关。急性心功能不全和心肌损伤发病者，可能因胸部受到直接打击，血管运动神经反射作用引起心脏循环系统休克，也可能是原患有某些心脏病，还有的认为是运动直接引起心肌出血、水肿、炎症、心脏急性扩张等变化而导致心肌缺血、急性心力衰竭。

（二）处理措施

网球运动者出现过度紧张后，应立即中止运动。病情较轻者，应让其平卧，注意保暖，进食易消化的食物；发生急性胃肠道综合征者，尤其发生胃出血后，应休息观察，进流质、半流饮食或软饮食，必要时可用止血药；出现急性心功能不全者，应立即采取半卧位，现场给予吸氧；伴昏迷者，应针刺或点掐人中、百会、涌泉等穴；伴呼吸、心跳停止者，应立即进行人工呼吸和心脏叩击，并同时呼救、转送医院进一步抢救。

（三）预防措施

（1）运动前先作身体检查，心血管机能不良的网球运动者，患有感冒、扁桃体炎、急性肠胃炎等急性病的网球运动者，均不应进行剧烈运动或参加比赛。

（2）网球运动者和教练员遵守循序渐进的原则。避免缺乏锻炼就参加剧烈比赛，避免伤病初愈或未完全恢复就参加比赛。

（3）加强运动时的医学观察和自我监督，坚持网球运动原则，不过分追求比赛分数和成绩。

（4）锻炼和比赛前要做好充分的准备活动，运动后要使身体各部分达到充分放松。

二、过度训练

目前国内外对过度训练的定义尚不明确。国外已发表的文献中多数定义为：过度训练是训练与恢复、运动与运动能力、应激与耐受能力之间的一种不平衡。我国学者认为，过度训练是运动负荷与机体机能不相适应，以致疲劳连续积累而引起的一系列功能紊乱或病理状态或疲劳伴有健康损害。

（一）发病原因

1. 训练安排不当

在网球运动教学和训练中未遵守循序渐进性、全面性和系统性训练原则，连续进行大运动量负荷训练，训练内容单一，缺乏全面身体素质和心理素质的训练，没有依据网球运动者的个体特征、机体状况、季节、地理环境等对训练计划进行适当调整。

2. 比赛安排不当

比赛安排不当是指网球运动者在连续比赛后缺乏调整，缺少足够的休息，赛后体力未完全恢复就进行大运动量负荷训练，伤病后过早参加比赛等。

3. 其他原因

网球运动者的生活制度遭到破坏、精神遭受创伤、心理压力过大、营养不良等。

（二）处理措施

1. 调整训练

对轻度过度的训练者，主要是调整训练内容和改变训练方法，如减少运动量、控制训练强度、减少力量性练习等，一般经过两周左右的时间症状可以基本消除，可以恢复正常训练；对比较严重的过度训练者，除减少运动量外，宜避免大强度、大力量性训练，暂停专项练习，做一般小强度的身体训练，持续几周到几个月；对严重过度训练者，须完全中止训练，并改换环境进行一段时间的疗养和药物治疗。

2. 恢复措施

恢复措施一般包括高能量物质、高糖、各种微量元素和维生素、动物性蛋白质等营养物质的补充。

3. 对症治疗

对症治疗主要是改善睡眠，服用镇静药或者安眠药或者中成药。减轻神经、精神负担，辅以放松性练习、文艺欣赏、温水浴、按摩等。在医务人员的监督下，还可酌情采用小剂量激素治疗，多数过度训练者经过治疗后可以恢复健康。

（三）预防措施

1. 合理安排运动训练

发生过度训练综合征的主要原因是训练安排不当，因此预防的关键在于根据网球运动者的性别、年龄、身体发育状况、训练水平和训练状态等具体情况，制订合理的、切合实际的训练计划，即制订逐渐增加训练量、节奏明显、避免骤然增量的方案。训练水平较高的网球运动者常常处于训练最佳状态与过度训练的边缘，为了察觉过度训练综合征的早期信号，并及时采取措施，有效预防过度训练综合征，加强网球运动者与教练员之间的交流与配合是十分必要的。

2. 遵循最佳训练负荷的原则

最佳负荷取决于多种因素，如遗传特性、生活方式、健康状况等。为了及时调整训练量，应注意以下几点：

（1）注意调整训练节奏，遵守循序渐进、系统训练、全面训练以及区别对待的原则。

（2）网球运动者合理安排生活作息制度。

（3）网球运动者在伤后、病后应积极治疗，不宜过早恢复训练和比赛。

（4）常年坚持适当的有氧训练：提高网球运动者的心肺机能以提高运动者对训练的承受力；提高运动者的抗疲劳能力和对外界环境的适应能力。

（5）为了让网球运动者能够充分适应训练并能恢复，在训练的大周期中，每周训练量增加不能超过5%。此外，训练强度与训练量不应同步增加。

（6）不要采用过多的指标评价运动强度和运动量，指标过多会使训练负荷量化困难。在训练过程中，网球运动者除详细记录对训练的主观反应和感觉外，还应记录其他有关情况，如睡眠时间和质量，营养及其他应激因素等，进而有助于及时发现导致过度训练综合征的原因。

3. 及时发现过度训练综合征的早期表现

过度训练综合征早期常出现以下症状，且这些症状常常同时出现。网球运动者和教练员应当警惕这些早期症状，并积极促进恢复。

（1）网球运动者完成训练课或定时跑或比赛时感觉非常费力，两组训练间的恢复时间延长。

（2）训练课后，网球运动者有持续疲劳感和恢复不足感，并伴有睡眠不良等现象。

（3）网球运动者处理日常事务时易怒和情绪化。

（4）网球运动者缺乏训练热情，训练效果不佳。

（5）女运动者月经周期改变，甚至闭经。

以上这些早期症状作为警戒信号提示网球运动者和教练员必须较大幅度地调整训练计划。它对于医生明确诊断和制订恢复计划有着重要作用，有助于发现和避免潜在的过度训练危机。

三、运动性高血压

高血压分为两类，即原发性高血压和继发性高血压（症状性高血压）。原发性高血压是以血压增高为其主要临床表现的一种疾病，继发性高血压则指在某些疾病中作为症状之一而出现的高血压，如肾脏、内分泌、血管疾病等。运动性高血压为症状性高血压，高血压与运动者特有的运动条件有直接的关联，多数人高血压持续几周到几个月,有的可持续多年。[1]

(一)发病原因

运动性高血压的发病机制主要有:交感神经系统兴奋性增高,肾素—血管紧张素系统异常激活,内分泌及体液中调节血管紧张性的多种活性分子间的平衡失调,血管内皮结构和功能的改变等。

(1)青春期高血压(青年性高血压)。青春期高血压主要与性腺和甲状腺分泌旺盛及心血管发育落后于心脏有关。大负荷运动时,收缩压可高达150~160毫米汞柱,而舒张压大多为正常。青春期高血压偶尔会伴有轻微头晕、头痛。

(2)运动训练量过大。专项运动训练量过大,连续大运动量训练且缺乏必要的节奏,网球运动者从事力量性运动项目或在一段时间内从事其他项目的力量练习较多,都可引起收缩压和舒张压升高,尤其以舒张压升高多见,可高达100~110毫米汞柱。

(3)过度训练或过度紧张。患有运动性高血压的网球运动者都有较明显的过度训练或过度紧张的运动史和有关症状。一般收缩压和舒张压均升高,患有运动性高血压的网球运动者大多比正常人偏高10~20毫米汞柱。

以上因素可以单独出现或几个因素同时存在。除血压增高外,心肺功能等检查均有功能下降的表现。

(二)处理措施

(1)对少年高血压者通常不必禁止运动,但要适当控制运动的强度、密度,训练和比赛的次数,控制力量性练习。

(2)对专项训练所致高血压患者,要适当调整力量训练的比例,增加一些放松性练习,避免急于求成。

(3)对过度训练或过度紧张所致高血压患者主要是调整运动量。

(4)一般治疗注意饮食,选用低盐、低脂肪和较低热量饮食,避免进食富含胆固醇的食物。

---

[1] 李东祁,张清雷,史明.网球运动技战术训练与发展研究[M].北京:九州出版社,2018.

（5）对于治疗措施的选择：症状不明显的网球运动者，可进行医疗体育、太极拳和气功练习，用药物治疗并非唯一的途径；症状明显的网球运动者可在医嘱下选用镇静剂、中草药或针刺治疗或降压药、利尿剂治疗，并针对其原发病因进行治疗。

(三) 预防措施

（1）科学选材，排除有关病因。

（2）制订科学的训练计划，避免过度训练、过度紧张的发生。

（3）注意饮食，并做到注意劳逸结合，加强医务监督。

四、运动性中暑

中暑是指在高温环境下，人体体温调节功能紊乱而引起的中枢神经系统和循环系统障碍为主要表现的急性疾病。运动性中暑属于中暑的一种，是由外界环境中的物理因素（高温）影响人体器官和系统的机能活动而引起的急性疾病。多见于年少的网球运动者以及在炎热季节进行长时间训练和比赛的网球运动者。

(一) 发病原因

健康人的体温经常保持在 37℃ 左右，受体温调节中枢控制。人体的热源一是来自机体代谢生热，二是来自环境。人体与外界环境间热交换的形式主要有传导、辐射、对流和蒸发等。周围环境的温度越高，人体通过辐射散热的利用越少，当气温达到 35℃ 以上时，人体不可能利用辐射和对流散热，蒸发出汗是唯一的散热途径。蒸发的快慢又与空气的湿度及流动的速度有直接关系，在温度相对高的条件下，仅有的蒸发散热方式也大受影响，如果这时运动量很大，体内产热较多，热量积累的结果使体温明显升高，有时可升至 41℃～42℃，从而影响人体生理活动。体温调节功能失调、汗腺功能衰竭致汗闭，发生热射病。高温环境下运动时日光直接照射头部，阳光中的射线长时间作用头部，可穿透颅骨引起脑膜充血、水肿而发生日射病。剧烈运动时，出汗过多，水盐代谢紊乱，血中氯化钠浓度降低，引起肌肉兴奋性增高，导致肌肉痉挛。在这种情况下，如果未及时补充水盐饮料，继续出汗，可导致脱水、血液浓缩，血液黏稠度增高，血容量不足，引起周围循环衰竭而发生中暑。

（二）处理措施

1. 中暑轻微者

针对中暑轻微的网球运动者，处理方法是将其转移至阴凉通风处休息，饮用含盐的清凉饮料、茶水、绿豆汤，在患者额部、颞部涂抹清凉油、风油精，或者服用人丹、藿香正气水等中成药。

2. 热射病者

针对热射病者，应对其全身进行迅速有效的降温，积极使用物理降温和药物降温方法。物理降温可用温度保持在10℃左右的冷水浴和冰水浴、冰帽、酒精擦浴（50%酒精溶液，擦洗全身较大动脉行走部位、面部、胸部、腹部、外生殖器不宜擦浴）等，药物降温可选用复方氨基比林。严重者可转送医院，采用盐酸氯丙嗪25毫克与生理盐水300毫升配伍静脉滴注等。对呼吸困难者应给氧，昏迷者可针刺（指针）人中、涌泉等穴。

3. 日射病者

此类患者应当取头高足低位，头侧向一边，对头部用冰袋或冷水湿敷。

4. 中暑痉挛与中暑衰竭者

纠正水盐代谢紊乱，静脉注射生理盐水或5%葡萄糖盐液。神志清醒者可口服含氯化钠饮料，神智昏迷者可针刺（指针）人中、涌泉等穴，肌肉痉挛者可牵伸痉挛的肌肉使之缓解，在四肢做向心重推摩。在条件允许的情况下，应当将患者送往医院进行治疗。

经上述处理后，较轻的中暑痉挛、中暑衰竭、日射病的预后良好。严重的热射病患者若抢救不及时，有死亡的危险。体温超过42℃或昏迷的患者，死亡率亦高。因此，在网球运动过程中，网球运动者和教练员要有效预防运动性中暑的发生，并正确掌握处理措施和预防措施。

（三）预防措施

（1）在炎热的夏天，教练员和网球运动者要安排好训练时间，避免在一天中最热的时间里进行训练。热天运动时，宜穿浅色衣服，保证充足的睡眠，加强常规医务监督。

(2) 安排好炎热天气训练和比赛时的营养和饮水，注意补充蛋白质，额外增加维生素 B、维生素 C 供给量。组织合理的水盐供应，教练员应指导网球运动者采取少量多次饮水的原则，训练或比赛后的氯化钠供给量宜从常温下的 10~15 克增加到 20~25 克，所需氯化钠可通过含盐饮料、菜汤和盐渍食品提供。

(3) 对不耐热的网球运动者要加强预防措施。炎热的低耐受性的诱因有脱水、肥胖、体能水平低、疾病、皮肤因素等，有诱因存在时应减少或避免炎热天气时的剧烈运动。此外，教练员也应对曾发生过中暑的网球运动员倍加重视。

第八章　现代技术在网球运动训练中的应用

第一节　多媒体技术在网球运动训练中的应用

一、网球教学训练中引入多媒体技术的必要性

多媒体教学信息形式多样，可以将理论与实践整合在一起，在教学和训练过程中，教师可以通过图像、动画、影像、声音等多种媒体来直观逼真地反映技术动作的动态变化过程，使得讲述重难点突出。利用这些多媒体的教学手段，可以使学生在练习之前就可以在大脑中建立完整的动作概念，练习过程中知道哪些是动作重点、哪些是动作难点、哪些技术环节可能会出现错误，由被动学习变成主动学习。多媒体教学过程中，还可以利用摄像机等现代媒体工具，将课堂教学中的学生动作练习过程记录下来，让学生看到自己的动作练习影像，使之与正确的技术动作做比较，从而使教师摆脱了模仿学生的错误动作和展示正确动作示范的重复性劳动。只需通过多媒体课件的慢放、倒放即可达到教学目的，让教师在教学过程中充分发挥主导作用。

多媒体教学的引入，可使网球教学训练的信息量增加，改善教学训练环

境，使课堂教学的内容不再限于单调狭窄的范围，有效地扩大网球教学训练的信息量。应选择实用性、科学性的教学内容，使学生学到实用全面的网球技术。在高职院校网球选项课教学实践中，普遍存在教学课时不足的现象，而多媒体课件的信息含量、知识量与传统教学方法具有无法比拟的优势，它可以将教学内容以图片、视频的形式生动、形象地展示在学生的面前，使网球教学更加直观，让学生更加易于接受，更容易消化掌握，自然而然地就使学生掌握了更多的网球知识，扩充了学生的知识面。

在网球教学大纲中，所包含的基本技术并不多，也不太复杂，然而这些基本技术的细微环节或关键动作却很重要，而且都是在瞬间完成、中途无法停顿的，教师用讲解、示范等传统的教学方法很难让学生领悟。而多媒体教学手段却可以利用重放、慢放、放大局部动作等技术手段将那些教师示范过程中无法停顿的、关键的瞬间动作充分展示出来，让学生看清楚每一个动作细节，从而增加学生对技术动作的理解，有助于网球技术动作的掌握。

网球项目在我国开展时间很短，竞技水平有限，青少年很少能够接触到网球战术。然而实际比赛中，合理、熟练、灵活地运用各项技术的战术训练才是重点。可惜很多技战术的运用很抽象，以传统的讲解、示范等教学方法很难让学生理解和掌握，而运用多媒体教学手段则完全可以解决战术教学的难题。在网球课教学过程中，网球规则和裁判法是教学目标之一。运用传统的教学方法示范的难度虽然不大，但效率很低，一般都用讲解法进行教学。可是长篇大论地讲解，很容易让学生感到枯燥乏味。而利用多媒体教学手段，剪辑经典赛事中出现的特殊情况，跟学生一起分析探讨，就会很轻易地使学生牢固地掌握网球裁判法的相关知识，提高学生对网球的兴趣。

二、多媒体在网球技战术教学训练中的作用

1. 激发学生学习兴趣

在技战术教学过程中可以激发学生的学习兴趣，从而使学生能在较短时间内掌握相关战术的精髓、运用的时机及在比赛中的作用。在进行技战术教学时，很多学生根本不理解技战术的重要性和在比赛中运用的必要性。此时，教师可把一些世界高手精彩对决时采用所讲技战术的画面截取下来做成课件，并给学生播放，一一讲解相应战术运用的时机及在比赛中的作用。令学生能在较短时间内掌握相关技战术的精髓及运用的时机和在比赛中的作用。

2. 提高教学质量，增进教学效率

在技术动作学习的各个阶段使学生获得最佳的学习效果，从而提高教学质量，增进教学效率。在技术学习的泛化阶段，先组织学生统一观看所要学习的技术教学片及相应的动态慢速图片，先给学生视觉上的刺激。在这个阶段适时地使用多媒体，可使学生迅速建立起动作表象，掌握技术动作的基本概念，减少错误动作的出现。在技术学习的巩固与提高阶段，通过对技术动作细节和关键环节的反复观看，再辅以教师的示范与讲解，可使学生在短时间内纠正错误动作，促使动作表象从视觉表象向动觉表象的转化。采用数码摄像机记录学生的各个基本技术动作，再与正确的动作进行对比，让学生利用已有的专项理论知识对动作进行分析，找出错误动作及出现这种情况的原因，既可巩固提高学生的基本技术动作，又可进行启发式教学，使学生能牢固记住相应基本技术的关键环节，还可提高学生发现错误和纠正错误动作的能力，从而提高教学质量，增进教学效率。

3. 再现技术动作细节，方便学习和理解

可完整地再现各项基本技术动作，并可清楚地向学生演示各项基本技术的关键环节以及教师在示范过程中无法停顿的瞬间动作，使学生对基本技术的认识更全面、深刻和细致。通过制作世界高手各种技术动作的动态图片或 Flash 文件，再将其插入课件或幻灯片中，可让学生很清楚地看清每个技术的关键环节和平时在练习时容易忽略的小细节，并可重复观看。既有可视性，又有很强的说服力。通过观看图片和教师的讲解，学生对技术动作的理解更加全面、深刻和细致，有助于学生掌握基本技术。譬如，发球有两类，如何发出两种不同类型的球，主要靠手腕来调节。教师在示范两种不同的发球时，总会有学生无法看清手腕动作的区别，即使教师重复示范，效果也不好，因为要发出质量高的球，动作不能停顿。此时，可利用相应的动态图片和课件，放慢速度，让学生能清楚地看清三类不同的发球的手腕动作的区别，教师边放边解释，再在现场用肢体将这关键环节比划出来，相信学生能快速准确地理解，也不易出现错误动作。

4. 有助于学生裁判能力的培养

培养学生的裁判能力是教学目标之一，利用多媒体可以结合许多在大型比赛中出现的特殊情况，先让学生进行判断，再结合裁判知识进行讲解或分小组进行讨论，会让学生牢固地掌握相关知识，提高他们的裁判能力。

5. 有利于教师多媒体制作与运用能力的提升

通过多媒体的制作与使用，使教师的专项技术与理论得到进一步提高，不断更新专项知识，提高教师制作与运用多媒体的能力。

三、多媒体在网球技战术教学训练中的运用

（一）多媒体运用现状

首先，在网球专项技术与专项理论的教学中，偶尔使用多媒体，且大部分教师并非有意识有目的地使用。教师对多媒体的重要性没有足够认识，在体育学院（系）的网球教学过程中，主要以技术教学为主，只有天气原因导致无法上技术课时才会安排学生观看教学片。有的教师甚至未意识到让学生观看教学片也是多媒体的一种形式。

其次，被使用的多媒体以教学片为主。在网球专选课的教学中，只使用了中央电视台制作的两套网球教学片。多媒体的使用是当今的主流，它能弥补传统技术教学中存在的许多缺陷与不足。

再次，在教学片的放映过程中，教师并未起主导作用，没有指出观看的重点，也未结合所放内容进行启发式教学和发起讨论。

最后，教学片所放内容不符合学生此阶段所学重点内容，导致学生的学习效率低，多媒体的使用未达到其预期效果。

（二）多媒体在网球基本技术教学中的运用

现代科学技术的发展，在体育教学中，许多体育项目已经开始大量运用多媒体进行教学，篮球、排球、足球、乒乓球、健美操、田径等项目相继在教学的过程中加入多媒体教学，提高学生学习动作技术的表象能力。因此，多媒体技术在网球项目的运用也越来越广泛，尤其是多媒体技术在专业运动员技术训

练中运用得比较多，但是在学校网球基本技术教学中的运用相对较少，多媒体教学的运用不够明确，没有清晰的目的性，所以作者提出下面多媒体在网球基本技术的教学中运用的观点。

1. 多媒体在网球教学初期学习阶段的运用

网球基本技术分为握拍法、正反手击球、发球、接发球、截击球、高压球、跳高球、放小球、反弹球和有、无球移动的步法技术等，在网球基本技术学习初期阶段，以技术的学习为主，精确到每一个技术的细节，打好基本技术的基本功。初期阶段学生对网球各项技术的理解程度处在泛化的阶段，因此在网球教学的过程中，仅靠教师理论示范过于抽象，学生不易掌握。

因此，运用现代多媒体教学，能更好地提高学习的效果，提高学习技术的进度。现代多媒体教学主要运用视频播放优秀运动员的技术分解视频进行学习和讲解，然后进行技术动作的教学与训练，通过多媒体视频的教学，学生对技术有全面的认识，形成比较完整的动作表象。同时，学生也可以对技术动作的结构、发力特点和节奏有一定的了解。网球技术学习的初期阶段主要以技术表象的模仿练习为主，对每一项技术的学习需要建立稳定的技术表象和符合自身身体结构的技术。这一阶段的教学流程图如图 8-1 所示。

1. 多媒体展示优秀网球运动员技术动作
2. 技术动作结构、节奏和发力特点的教学与训练
3. 学生的模仿练习以及摄像记录分析
4. 视频图像同步对比，直观感知
5. 讲解分析，改正技术
6. 巩固提高
7. 摄像保存
8. 课后复习巩固

图 8-1 多媒体技术教学流程图

在结合多媒体教学过程中，对学生模仿练习的动作需要进行摄像，再运用计算机进行视频图像同步对比，进行技术的细节分析，并对错误的技术动作加以纠正，让学生进行更深入的直观感知，以至于在今后的学习和训练的过程中，更加有侧重点，同时提高了学生学习技术的信心和兴趣。初期技术阶段的学习多媒体只是辅助建立运动表象和了解动作技术的结构和用途，在技术教学的中期和后期将重点进行学生的技术提高和巩固技术的质量和稳定性，同时多媒体在后两个阶段将进行有效的穿插教学。

2. 多媒体在网球教学中期衔接阶段的运用

基于运用多媒体教学对传统教学模式的改进，初期阶段的技术学习是为了形成清晰的动作表象以及形成牢固的基本技术，而中期阶段多媒体与教学训练相结合使泛化技术得到巩固，同时运用多媒体可以加入网球规则的学习和基本技战术意识的培养。因此，在网球基本技术教学的中期阶段，通过多媒体辅助技术，学生对各项基本技术之间的衔接运用更加熟练和流畅，同时反复训练各项技术的基本功，渗入课堂网球基本战术意识的动态教学，培养战术的意识形成。中期阶段的技术学习，多媒体教学将重点对步法移动技术和基本击球技术进行有效结合，进行视频观看以及讲解，以及技术细节的分析和击球线路、效果的分析，同时加入多球练习，进行各项技术的合理运用，在教学和训练的过程中，用手机或者摄影机拍下技术的衔接过程，然后在计算机程序软件下分析以及对比优秀运动员的运用情况，然后逐一指导学生的技术训练。[①]

采取的训练方法是观看大型的职业网球比赛和课堂上的多球的练习，以及有关网球运动项目的电子游戏，强化学生的动作表象，增加学生大脑对运动技能的储备意识。通过电子游戏的训练方法，让学生快速地了解运动规则，提高学生学习的兴趣。另外，观看大型比赛不仅为了形成技术的运动表象，而且可以促进学生战术意识的形成。但是，多媒体技术只是辅助教学的手段，网球项目是一项长时间坚持的运动项目，接触的时间越长，手感、球

---

① 杨军. 高校网球教学中多媒体的开发应用研究［J］. 运动，2010（5）：46-47.

感以及对球的预判越准确。因此，现代多媒体技术辅助教学可以使运动技术更加科学以及更具实效性，但是课堂的训练和实战还是最关键的。多媒体教学在中期阶段的教学，更多的是起到技术细节的分析，克服学生本体运用某项技术时，对可能出现的问题进行分析，找到解决的办法，以及能够找到合理的运用符合自身的运动技术，同时培养学生的战术意识和准确了解竞赛规则。

3. 多媒体在网球教学后期学习阶段的运用

多媒体在网球教学后期的学习阶段是辅助技战术的运用，通过播放大型的网球赛事，学生能够合理运用各项击球技术，更重要的是具备一定的战术素养。网球基本战术教学主要包括单打技术和双打技术教学。网球战术是复杂抽象的，教师的讲解不够直观，学生有时无法准确地理解，但是通过观看视频，可以使抽象的战术策略直观化，调动学生各个感官，准确理解各个战术的作用以及要达到的目的。网球项目战术的发挥建立在学生网球技术的稳固程度上，因此在后期学习阶段运用多媒体时要兼顾技术和战术，最后还要发展学生的网球技术风格。

综上所述，多媒体在网球教学的初期阶段主要是促进学生对运动技术的了解以及培养运动技术的表象，这样可以克服教师在讲解示范技术动作时，出现的准确性和直观性不强的不足，方便学生能够更加准确地学习技术动作。多媒体在网球教学的中期阶段是稳固基本技术，提高技术的衔接程度，同时培养学生的战术意识，让学生对网球的竞赛规则有一定的了解。多媒体在网球教学的后期阶段是技术和战术的有效结合，技术更加稳固，战术目的性更强，学生技术的风格得以初步形成。

四、多媒体技术应用于网球高水平训练的对策

（一）多媒体技术在网球高水平训练中的重要性

多媒体技术主要是将网络技术中所集成的声音、图像、文字及动画等媒体形式向操作者传播的一种现代化信息技术，使用者通过对其进行有效的信息采集、编辑修改、实时储存和重建进而为其提供有效的信息知识量，在使用过程中它不仅已进行多样化和媒体处理而且利用包含的信息及时解决传统教学中所不便解答的问题，大大地提高教学质量和效率。同时将教师平常教学中说不清道不明、学生不易掌握难以理解的知识点，一览无余地呈现在学生面前。

多媒体教学属于一种模拟可透视、直观性强的教学模式，通过其所教授的知识对学生的学习起到强化记忆、加深理解的作用。在多媒体教学中，教师可以充分利用多媒体技术建立网球模拟训练图，因其属于试验性教学体裁，教师不仅可以利用课件向学生讲授课程的基本知识和基本理论，而且可以利用实物展示台或课件制作中的链接功能向学生展示与网球运动相关的最新信息、新动态、新数据等。多媒体教学可使原来枯燥无味的动作要领通过图形、动画等表现形式而变得直观易懂，从而极大地丰富了教学内容，也开阔了学生的视野。

与此同时，网球运动是一项集技术和智力于一身的体育运动，它必须不断地进行判断方可正确掌握动作要领，因此在教学中教师可以充分发挥多媒体技术的优势，将网球运动经常所用到的肱四头肌、腰肌、腹肌、背肌、肩部和腕部等肌肉以及网球的基本动作如发球、抽球、截击、高压等可锻炼全身各大肌肉组织运用多媒体课件将大量的动态画面、直观易懂的图像显现在网球运动课堂之中，可以大大地降低教学难度，将重难点知识更加形象化、系统化。因此，利用多媒体技术可以使学生较快地掌握所学要领和知识点，不仅有利于提高教学效率和教学质量，丰富教学课堂内容，而且使课堂更加富有趣味性和娱乐性，改变传统的死板教学模式，将网运动教学理论知识与实践活动有机地结合起来，有利于培养学生的创新意识和实践能力。

（二）多媒体课件在网球高水平训练中的具体应用

1. 网球多媒体课件要遵循网球教学规律进行教学

在网球运动教学课堂上，体育教师为激发学生的学习兴趣和提高训练效果，可适时通过多媒体技术运用图、文、声、像并茂的多媒体技术使得理论知识较强的网球教学内容，变得创新生动有趣，充分调动学生的感官刺激，使学生将感性和理性知识的相结合，激发学生学习兴趣，提高学习效率。与此同时，网球教师在使用多媒体课件时要完全掌握课件内容中的网球运动理论知识点以及动作要领，要充分突出网球知识的重点、难点，做到有的放矢、因材施教。教学规律是教学活动内在的本质联系，它是不以人的意志为转移的客观规律。

只有尊重规律，教育质量才能得以提高。网球运动是一项操作技能，操作技能的学习分为四个阶段：操作定向、操作模仿、操作整合、操作熟练。而操作技能又有三个特性：一是对象的物质性，网球运动是一种人体骨骼肌的运动，网球学习的对象实质上就是了解和掌握骨骼肌的运动机理；二是动作进行的外显性，网球运动的执行是通过外部的运动实现的；三是动作结构具有舒展性，网球运动的每一个动作必须切实施行不能省略。网球运动的这些特性决定了网球教学必须基于正确的示范和切实的高水平训练。

2. 正确认识多媒体课件在网球教学中的辅助作用

现阶段多媒体教学还有一定的局限性，若将其作为一种辅助教学手段来运用，将会在网球教学中达到事半功倍的效果。网球教学过程是教师和学生共同参与、共同发展的活动过程，只有通过双方相互合作、相互协调才能完成教学目标和教学任务。

因此，在多媒体教学中，教师要充分认识到教学主体，只能将多媒体技术当作一种教学辅助工具，而不能用其取代教师在课堂教学中的主导地位。与此同时，在教学过程中，教师必须将学生作为主体，而不能忽视学生的主体地位，因此教师进行网球教学多媒体课堂设计时，必须充分考虑教师的主导地位以及学生的主体地位，根据网球运动的自身特点和课程安排进行因材施教，与教学大纲互利互补，才能充分发挥多媒体技术的优势，使多媒体课件在网球教学中活灵活现，激发学生学习兴趣，充分调动学生学习的积极性和主动性，提高教学质量，完成教学任务。

3. 合理运用多媒体技术，提高网球教学实效性

网球运动是一项动作技术强、理论知识严谨的体育运动项目，大学生在高水平训练中往往受到动作技能的困扰而感到训练枯燥乏味，心理压力较大，教师应注重学生学习知识的掌握效果，在教学中教师可以科学合理地将网球运动

中的知识结构勾勒出系统图，使得学生学习更加清晰明了，有效提高教学的实效性。教师主宰整个教学活动的教学不仅是知识的传播过程，更是师生情感心灵交融的过程，因而教师要依据教材，融合课件情境，恰如其分地运用自己的动作神态，直观、形象、真切地进行情感体验，调动学生学习兴趣和积极性，通过平等、良好、和谐的对话，营造轻松愉快的课堂气氛。

总之，网球运动以现代多媒体技术为发展介质，始终走在时代改革的最前沿。现代化网络技术的飞速发展，使得我们当前教学方法和教学模式与时俱进，教师通过将网球运动教学大纲和多媒体课件有机地结合在一起，并将基础知识建立有效机制，从而使得整套教学体系，更加具体化、生动化。与此同时，网球多媒体课件要遵循网球教学规律进行教学，积极提高学生的参与性与趣味性。

五、利用多媒体进行网球教学训练的注意事项与优化策略

（一）利用多媒体进行网球教学的注意事项

1. 多媒体与传统教学方法手段相辅相成

在网球专选课的教学中，掌握基本技术是首要的，应根据教学的具体情况采用多媒体。电化教育学家南国农先生认为，现代教学方法由两部分组成，一部分是普通教学系统，另一部分是多媒体教学系统。这说明传统教学手段和多媒体组合教学手段在整个教学过程中无高低之分，但两类教学手段都各有优缺点，应该有意识地将两类教学手段相互渗透、相互融合。在网球专选课的教学中，教学重点是技战术练习，虽然学生对技战术理论掌握十分熟练，但技术动作缺乏规范性和熟练性也不可取。故在教学中应根据教学的具体情况适时地采用多媒体，不可顾此失彼。

2. 及时更新内容，达到最佳效果

针对学生的具体情况及需要，及时更新各项内容，使多媒体的使用达到最佳效果。由于网球技术动作的改进较快，网球运动的发展较快，教学内容也会随着网球项目的发展不断更新。不同的学生群体，在技术学习过程中所出现的错误也不一样，为了提高学生的技战术水平，要针对学生的具体情况及需要，及时更新各项内容，使学生能接触到最新的网球知识，也使多媒体的使用达到最佳效果。

3. 使用多媒体时，教师应起主导作用

多媒体有很丰富的内容，单靠学生的自觉性无法充分发挥多媒体的优势。因此，在使用过程中，教师必须起主导作用，在整个教学过程中，及时向学生指出学习中的重点、难点，并结合多媒体向学生清楚讲解，使学生能始终集中注意力，认真思考所看内容，并与所学知识紧密结合。

4. 要有计划性和明确的目的性

多媒体虽然有许多优点，能弥补传统教学手段的许多不足，但也不能在教学中被滥用。在网球教学过程中，教师必须清楚运用多媒体是为了解决哪些问题，达到什么目的，要有计划性和明确的目的性，并与教学进度相结合，使多媒体的使用能达到其最佳效果。

(二) 利用多媒体进行网球教学的优化策略

1. 在体育场馆中增加多媒体建设，更好地服务于网球教学

多媒体课件网络教学离不开计算机、投影仪、摄像机、音响等多媒体设备。如果在学校运动场馆添加教学实景摄影和播放系统，实时摄录学生运动技能学习的实景，然后通过控制室把教学实景投射到运动场馆的大屏幕上实现实时反馈。

在实际教学过程中，想利用多媒体教学手段，必须要离开运动场馆进入多媒体教室进行教学，然后再回到练习场地练习。如果能在场馆内安装摄影器材和播放系统，课中实时录制教学练习过程，随后立即反馈给学生用以纠正完善技术动作，那么教学效果必然会大幅提高，也更能激发学生的学习兴趣和热情。

2. 利用网络信息，更新网球教学观念

21世纪，是计算机网络高度发展广泛普及的时代，网络资源非常丰富。通过网络，学习者接受的是多媒体教学，大量的文字、优秀运动员的技术动作图片和视频、Flash动画以及音响可以综合起来运用到教学当中。教师可以在网络上搜索世界上优秀的运动员的动作示范，摘录下来引导学生观看，通过对

动作的慢放、重复播放，让学生在学习过程中对照视频，快速形成正确的动作概念，同时也能让学生感受到动作的美感，增强对网球的兴趣。[1]

3. 采取多种措施，提升网球教师的多媒体运用水平

近年来，我国网球虽然发展迅猛，很多高校甚至中小学都开设了网球课程，但毕竟开展时间较短，缺乏高质量的多媒体课件，大大限制了网球发展的进程，加上网球教师很多都是由其他运动项目转行，本身网球专项业务素质能力有限，这就需要我们开辟多方渠道，提升网球教师的多媒体信息技术素养，采用多种形式对教师进行业务培训。例如，选送有多媒体信息技术专长的体育教师到别的学校去学习培训，或者借用本校的优质资源，请多媒体信息专业的老师给体育教师做课件制作方面的培训指导，以期尽快提高多媒体知识技术的运用水平，从而推动整个网球教师队伍业务素质的发展和进步。

第二节 微信公众平台在网球运动训练中的应用

微信公众平台作为微信的一个功能，于2012年8月23日正式上线。在这个平台上，每个人和各种商企都可以建立一个属于自己的微信公众平台，实现多功能的全方位的互动交流，它的传播能力很强大。

微信公众平台的特点主要有五点：一是拥有一对一传播和一对多传播方式；二是在传播过程中很少有其他因素影响，干扰性小，任何人不能直接查看；三是拥有实时接收的听众，更具真实性；四是观众筛选精准性，公众号还可以灵活地进行自定义分组，定向发送精准的内容；五是信息传播的能力比较迅速，消息可以分享给不同的微信好友，可以转发在朋友圈，信息传播的速度更快更强。

建立网球微信平台后，管理员把整理编辑和设计好的学习资源上传到网球

---

[1] 杨军. 高校网球教学中多媒体的开发应用研究［J］. 运动，2010（5）：46-47.

微信平台上，然后通过平台把资源推送到每位学生的手机上，方便学生进行自主学习。微信平台上学习资源的开发和设计，要把学习的资源分割成一个个独立而又相互有关联的知识链，然后再分割成一个个交互模块，把传统的教学与微信平台教学融入在一起，汲取精华，摒弃糟粕，不仅可以促使学生充分利用课余时间，而且还能提高学习的效率。

一、网球教学微信平台的设计

（一）网球微信平台的功能结构

网球微信平台的管理和用户使用的功能结构如图8-2、图8-3所示。

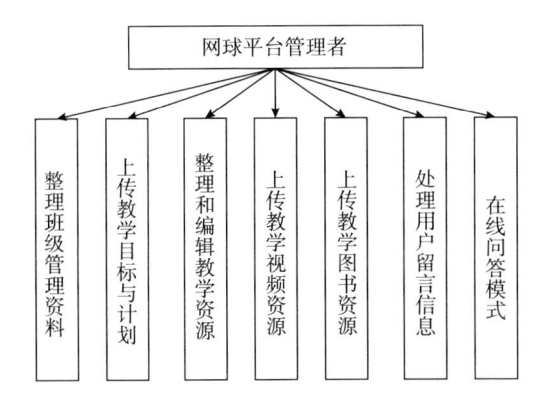

图8-2 网球微信平台管理员的功能

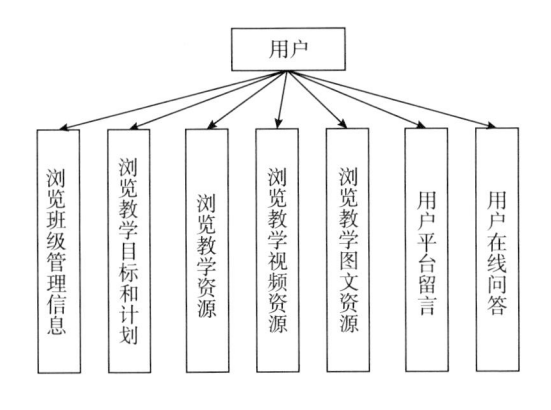

图8-3 网球微信平台用户端的功能结构

(二) 网球辅助教学平台的内容设计

网球微信辅助教学平台内容的开发和设计是为了完成教学任务，要求学生进行全方位去学习网球知识和相关的基础技术、实践体验、学习态度的总和。教学平台以北京体育大学出版社出版的《现代网球技术教学法》为主要教学内容，进行了网球教学平台的设计。

首先在微信平台管理的选项中的素材管理选项中，进入素材管理的界面，里面有不同的选项，管理者根据教学内容自主选择表达的行式，把教学内容形象地展现出来。其次通过群发功能将教学内容推送给学生，学生通过平台推送的内容进行自主学习，基于微信的图片、语音、图片交互功能，教师就能通过微信辅助教学平台推送教学资源，让学生先进行自主学习。教师在上课前根据某个技术相关问题给学生提出问题，对课前进行相关的引导，就像备课和预习一样，引导学生进行探索和思考，在上课的时候围绕这个问题进行提问，让学生对上课产生一定的兴趣和期待，这更好地提高学生的积极性和课堂参与性，这样就比在上课的时候完全等着老师传授知识的教学效果要好得多。

在网球微信平台上推送课堂辅助教学内容，是教师管理者在上课前把教学内容通过素材、图片、语音、文本通过编辑后上传到网球微信平台上，然后再推送给学生，学生可以在平台进行自主学习，还可以查阅相关资料，在上课的时候围绕教学内容进行讨论。在确定了适合学习的对象和主要学习内容样本的基础上，设定了相关网球教学技能的各个模块，例如，网球教学模块（正反手技能教学、截击教学、发球教学、高压球教学、战术教学、理论教学等）；网坛时讯模块（网坛风云人物、网球赛事、网球新闻）；师生互动模块结合样本的内容，采用文字、视频、语音、图片、超链接等方式教授网球知识和技能，营造一个良好的网球学习环境。

微信平台辅助教学系统作为一种新的教学方式，能够充分地吸引学生的注意力和调动学生的主动性和积极性，以这种方式来开启他们对网球的求知欲，这就是当下人才培养和教育改革的发展方式及趋势；对教师而言，也有很大的辅助作用，减轻了教师的压力和负担；从学生方面来看，学生改变了以往的教师教学生学的学习方式和状态，有了学习的自主权力。利用微信平台进行辅助教学，老师讲述的内容就会更加生动、丰富，不再像以前那么空洞，并且通过微信平台还可以与学生随时随地保持联系，老师可以更深地去了解每个学生的不同情况，然后根据学生各自不同的实际情况制定具体的教学目标、教学计划、教学内容。这样周而复始保持着"反馈—改进—再反馈—再改进"的流程，体现了教学的可行性和科学性。

二、网球微信平台应用的注意事项及成效

（一）网球微信平台应用的注意事项

1. 以网球课堂教学为主，微信平台为辅

将微信辅助教学平台应用到网球课堂教学，给网球教学带来了新的优势，灵活地使用微信平台进行辅助教学，是一种新形式的展现。此外，微信平台不可能完全代替传统的常规课堂教学模式，微信平台只能以辅助的形式出现在教学中，课堂常规教学还是主要的方式。

2. 对网球微信平台辅助教学方法进行客观评价

微信教学平台拓展了网球教学的空间和时间，体现了以学生为主体，但学生对网球辅助教学模式的评价是重点，对使用网球微信平台教学的方法，对它的实施过程和结果等进行全面的评价，这样有利于搭建一个共同学习平台，有利于教学方法的改革。

3. 应防止学生偏离主题，学习敷衍了事

面对应用微信进行学习，教师应该加强监督、管理、约束学生不规范的微信行为，如沉迷微信游戏等行为。

（二）网球微信平台辅助课堂教学的应用成效

1. 在教学方面的积极作用

在网球教学中，采用网球微信平台进行辅助教学，利用微信平台的声音、图像、文字、视频等特点，通过网球微信平台给学生推送详细的网球各项教学内容，用形象生动的图文说明来吸引学生的注意力，激发他们对学习网球的兴趣和热爱，引导学生在课余时间在网球辅助平台上独立自主学习网球知识。

问卷的调查结果显示，实验班的学生对采用网球微信平台进行辅助教学的学习兴趣很高，这与微信平台的特点是息息相关的，网球微信平台凭借它的直观性、生动性、形象性等吸引着学生进行网球理论知识与网球技术的学习，所谓兴趣是最好的老师，学生使用微信平台进行网球知识的学习，脱离了枯燥乏味的教科书的介绍。利用图、文、声、像等媒介与老师的讲解示范相结合，学生更容易接受这种教学方式，也对学习有了更高的兴趣，同时更有利于学生进行积极的探索与思考，无形中形成主动学习的态度和优化学习的进度以提高学习的效率。

利用平台图文声像的特点，把网球技术性比较强的动作以图片分解及直观视频展现出来从而更容易掌握，在学习网球技术的初级阶段，不仅有很多值得注意的细节，而且是我们最容易忽视的，但是现在有了微信平台辅助教学系统，随时随地都能查看相应的网球知识和对应的容易出现错误的地方并及时纠正，把复杂的技术简单化，使学生更容易掌握。

微信是最受大学生喜欢的社交工具之一，许多学生不管是在睡觉前还是在醒来的第一件事就是看朋友圈动态，能运用微信，就等于多了一项学习的技能，能够带给学生快捷和方便，问卷调查的结果显示所有实验班的学生都认为采用微信平台进行辅助教学对他们的学习很有帮助，在学习中不仅发挥了自己的主动性，而且提高了自己独立学习的能力，体现了这个平台具有很强的优越性，同学们对网球微信平台在教育领域中的应用持肯定态度，说明它是一种值得推广的新型辅助方式。

2. 在建立新型师生关系方面的作用

师生关系融洽、和谐是提高教育质量的关键因素之一，也是一种很重要的教育思想。师生关系的融洽、平等、和谐是目前发挥学生主体性作用和教师主导作用的必要条件，还是教学过程中教与学的有利条件。

大部分学生认为，采用网球微信平台进行辅助教学，能加强他们与老师之间的交流，让学生的思维空间得到释放，这些都说明了师生之间建立了一种新型的师生关系，传统的师生只是单一的课堂交流，而不是互动，这样老师很难融入学生的情感和思维中，对学生的回答仅作出正确或错误的评价，从某种程度说明他们并没有产生共鸣,这会影响教学的效果,当学生处在一种良好的学习氛围中,才会有更好的学习态度,无形中就会形成一种"学生愿意学、教师也愿意教"的心理状态,相信我们每个人都有过这种感受,遇到喜欢的老师,自然会喜欢他教的那门学科,因此教师和学生要努力建立和谐的师生关系,和谐、平等、融洽的师生关系是教育领域中教学最理想的境界,同时还可以促进教学方式的改革。[①]

在网球教学中,老师还是学生学习的主要源泉,起到承上启下的作用。在过去,网球教学课堂是以教师的讲解和示范为主,以教师的指导进行网球知识的学习。如今,随着网球技术的进步和教学改革的发展,传统的教学方式已不能满足学生的需要和课堂的教学任务,网球微信平台恰好可以成为教师网球教学的辅助工具,利用网球微信平台进行网球教学的辅助教学,并不是代替传统的常规教学,这种教学方法是不可行的,而是将网球辅助教学与常规教学两者结合,择优教学。微信平台是传统的常规教学的补充,它能对各个角度全面示范,图片和视频可以重复地定格和播放,加上简练的文字叙述对技术动作进行详细的讲解、示范、说明,教师再通过对技术动作的重点、难点进行更全面的解说,这样能使学生更快地建立正确的动作表象,形成动力定型,提高教师的教学质量和学生学习的效率。

网球微信平台辅助教学平台的运用,让老师在常规的教学模式的基础上,由原来的知识灌输者变为学生的引导者,和学生站在同一角度,真正地了解学生的需要,再引导学生进行学习。教师也可以把在教学时学生不易理解和难以表达的内容,通过网球微信平台进行图片分解和视频展示表达出来。

在这个平台上,教师可以对不同学生用不同的教学方式,学生在平台上进行独立自主学习,还可以减少老师的工作量,让老师有时间和精力进行平台教学模式的探索和自身全面素质的提升,体育老师只有自己精通的专项技能和理论是不够的,还要不断地全面发展,学习相关的计算机知识和技能,制作出更适合学生学习的平台教学系统。

---

① 申冬玉. 云南网球微信平台在高校网球教学中的实验研究 [D]. 昆明:云南师范大学, 2016.

第三节 短视频在青少年网球运动中的应用

信息技术在教学实践中的合理利用能够丰富教学过程,改善教学效果。然而,体育教学的信息化发展却落后于其他学科。短视频的出现加快了信息传递的速度,拓展了信息传递的范围,并且受到大众的广泛欢迎,这为体育教学模式的改革和创新提供了新的机遇。

近年来,网球作为一项国际化的运动,逐渐成为一种在我国比较流行的运动。而网球的专项训练存在动作难、上手慢、练习枯燥等问题,传统的教学方式难以提高学生的学习兴趣和专项技能。笔者研究短视频在青少年网球教学中的应用策略,为网球教学提供新的教学方法和思路。

一、短视频在青少年网球教学中的应用策略

短视频作为一种灵活的新媒体形式,比在线教育具有更加广泛的应用场景。在网球专项训练教学中使用短视频,可以为青少年学生制定出更加个性、智能的学习方式。结合网球训练的内容及短视频的特点,设计出了短视频在青少年网球教学中的应用模型,如图8-4所示。该模型围绕网球专项训练的内容,将每个网球新技能的教学过程分为学、教、练、测、评5个阶段,每一阶段的短视频都发挥着不同的教学作用。

(一)学

1. 教师方面

在课前,首先,教师可以在抖音、小红书等短视频平台搜索与教学计划相关的网球动作、步法训练、体能训练和战术解析等不同类型的短视频,借鉴不同的教学方式,开拓教学思路,积累教学素材。其次,教师结合自身教学经验和素材录制教学短视频,通过特写镜头或镜头位置的转换,以及动作慢放、语言讲解、文字符号提醒等拍摄和后期制作的方式,将网球训练的重难点部分以

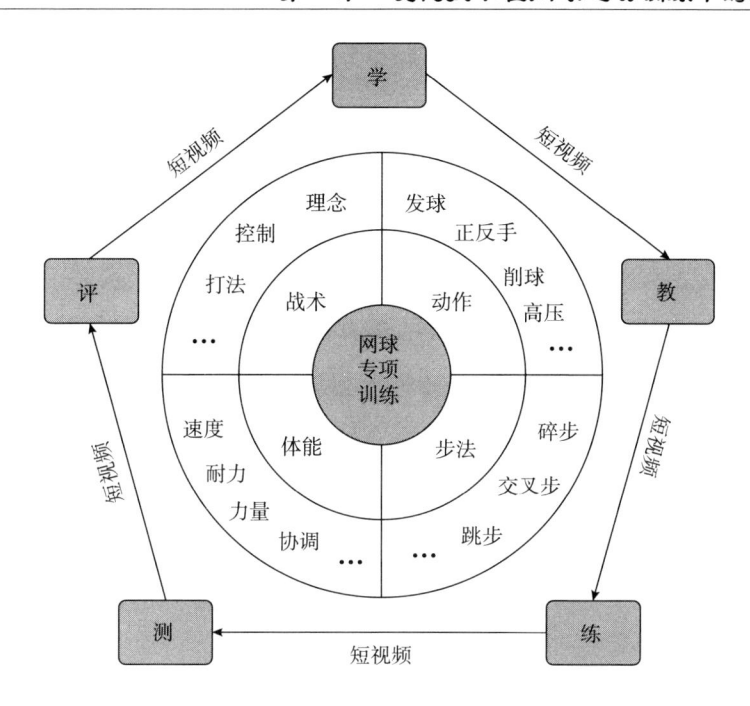

图 8-4　短视频在青少年网球教学中的教学模式

简短、清晰和富有感染力的方式展示出来。最后，在课前将自己制作好的短视频和网络获取的优秀短视频资源分享给网球专项班级的学生，要求学生课前预习和练习，并鼓励学生提出相关的疑问。①

2. 学生方面

在课前，学生可以通过反复观看教师分享的短视频来了解和学习新的网球技能，也可以在师生交流群中分享个人在短视频平台发现的优秀网球专项技能训练的资源，增加师生、生生间的互动交流。

（二）教

1. 教师方面

在课中的教学阶段，结合课前分享的教学重难点的短视频，首先，教师带

---

① 何绍元，杨健科，朱艳，闻钟波，孙莹瑛. 微视频体育教学研究综述［J］. 中国学校体育（高等教育），2017，4（3）：40-41.

领学生一起进行相关的热身活动、网球步法和体能训练。其次，教师再次示范和讲解网球的动作要点。最后，教师根据学生的动作进行共性以及个性问题的指导和纠正。

2. 学生方面

学生认真学习并模仿老师的动作，提出个人在预习和练习过程中的疑问。在此过程中，学生可以自主选择拍摄并记录老师的示范动作，以及自己的练习动作的短视频。

（三）练

1. 教师方面

在课上练习阶段，教师可以拍摄记录学生的一些典型错误动作和优秀示范动作。及时让学生通过短视频看到自己动作存在的问题，指导并纠正学生在练习过程中的错误动作。同时，积累教学素材。

2. 学生方面

与同伴一起练习所学的网球专项技能，过程中可以随时反复观看教师的教学短视频，也可以让同伴帮忙录制自己练习时的动作视频，学生在反思自己动作的同时，也可以与同伴互动交流，相互鼓励、监督和纠正动作。

（四）测

1. 教师方面

网球专项训练仅靠课上的教学和训练时间是远远不够的，好的球技离不开反复刻苦练习。为鼓励和监督学生多利用课余时间练习，教师可以安排学生早晚加训每周至少4次，将班级分为若干小组，每组4人，协作训练，每周安排一次小测试。此外，还需要学生将本周训练任务的精彩片段以短视频的形式发给老师。

2. 学生方面

学生以小组为单位进行交流和训练。训练内容包括教师设计的网球专项训练的动作、步法、体能和战术，除了测试内容外，可以依据个人的实际情况，增强补弱。观看过程中可以完成老师的测验内容，并制作个人短视频。

(五) 评

1. 教师方面

教师首先鼓励小组成员间的相互评价,再对学生的测试成绩和训练短视频进行点评。之后,让学生自己总结并反思自己在动作、步法、体能和战术等方面学习的心得体会。掌握每个学生的技能水平和情感态度,听取学生的意见和建议,结合教师个人的专业基础以及短视频教学资源,及时调整并改进训练强度和计划。

2. 学生方面

学生需要参与评价过程,通过观察和思考他人动作的优缺点,学会用准确精练的语言表达个人的意见和建议。能够反思总结出个人对网球专项训练的学习体会,以及对教师的训练计划的思考和建议。

二、短视频在青少年网球教学中的作用

(一) 有利于突破教学重难点

教师在网球课堂教学中的示范次数是有限的,学生可能会因为注意力分散和位置遮挡等因素,错过网球教学的重难点动作和技巧的细节部分。在短视频教学中,教师可以利用教学示范动作短视频来呈现重点部位的放大特写镜头,学生在任何时间和地点都可以反复观看、学习和模仿。

(二) 有利于开展自主学习,实施个性化辅导

学习网球,需要反复刻苦练习,其过程难免枯燥。短视频为学生搭建了一个展示自我的平台,激发了他们的学习兴趣。为了能在短视频中更好地展现自己,同学们会主动积极练习。通过反复观察自己的动作,对比示范动作,准确发现自己的不足,有效改进自己的技术动作。教师也可以通过反复观看学生提交的短视频,准确发现学生存在的问题,给予个性化辅导,这是传统的口语纠错无法实现的。

(三) 有利于优化过程评价,构建青少年的成长档案

通过搜集整理学生在一段时间内的短视频资料,可以对每位学生在一段时间的进步情况进行过程性评价和分析,建立学生成长档案。相比于传统的期中

和期末测试评价，这种评价方式更能准确地评估学生的网球技能水平，掌握学生学习网球的规律。[①]

（四）有利于积累教学资源，促进教学反思

教师在录制网球教学短视频的过程中会创造许多教学资源，也可以在学生的短视频成长档案中搜集更多学生在网球学习过程中共性问题的视频资源来作为改进教学的范例。还可以在抖音、哔哩哔哩等网站获得不同优秀的网球教学短视频资料。在网球教学过程中引入短视频，促进教师反思在教学过程中容易忽略和需要强调的教学内容，总结动作、步法、体能和战术等网球技能的要领和改进方法，以提高理论和实践水平。

技术是一把"双刃剑"，短视频也是这样，师生在网球专项训练过程中也会遇到各种问题，这既需要教师多尝试不同的教学模式和策略，也需要学生的积极配合，共同发挥短视频的优势，只有这样才能更好地促进教师的教与学生的学，达到信息技术改善网球教学的目的。

第四节 其他技术在网球运动训练中的应用

一、基于信息化技术的高校网球教学比赛积分排名系统的构建

随着我国经济社会的不断发展，网球运动已成为深受大众喜爱的体育运动。如今，网球运动也进入很多学校，这些学校的体育专业课程中都设置有网球项目，甚至部分学校设有网球高水平队伍。网球运动属于技能主导类隔网对抗性运动，要想提高青少年网球运动员的专业水平，必须要结合实战进行教学。在教学中更多地开展比赛，不但能营造良好的网球学习氛围，还能提高运动员的竞技能力。基于科学化、信息化、智能化的社会，运用电脑编程制定简

[①] 刘伟. 短视频 APP 在高校体育教学中应用的利弊分析［J］. 冰雪体育创新研究，2022（9）：106-108.

易的网球比赛积分排名系统,不仅使运动员能够长时间清晰地了解自身技术水平及阶段性运动水平的变化,而且有利于青少年网球运动员技战术水平的提升。

(一) 网球比赛积分排名系统的作用

网球比赛积分排名系统的作用在我国各专家学者的研究中可以得到一些体现。陈曦认为,国际职业网球重要构成之一是通过一个古老、严谨和非常科学、合理的计分、排名体系来完成的,经过30多年的发展完善,职业网球的积分排名体系能够真实地评估职业选手的技术水平,客观衡量他们参赛的成绩,同时也为了更合理地选择大赛的参赛选手确定种子球员,以使比赛更加公平、公正,成为职业网球最基础的支持性派生制度。

袁聿涛 (2010) 认为,对于积分排名制的优越性,教练员与管理人员均认为首先表现在能够有效地促进运动员积极参赛;另外,教练员与运动员也一致认为有利于培养运动员连续大强度的参赛能力。陈马强 (2018) 认为,借鉴ATP电脑排名系统的发展经验,建立科学的、操作性强的积分排名系统,不仅可以丰富以赛代练的渠道,促进青少年网球竞技比赛交流、规范青少年网球竞赛体制,而且也是一种基于实践上的创新,必将为青少年网球事业带来新的气象。可见,积分排名系统对促进网球运动的发展有很大的意义,如果在青少年网球教学比赛中得到善用,不仅能促进青少年网球运动员之间的相互交流和学习,还能提高青少年网球运动员竞技水平。

(二) 国内外对网球比赛积分系统的运用

当今世界的三大网球组织分别是世界男子网球协会 (ATP)、国际女子网球协会 (WTA) 和国际网球联合会 (ITF),ATP和WTA负责组织和管理职业网球选手比赛、积分排名等。在国内,中国网球协会于1953年成立,在中国网球协会官网可以查到52周排名体系在业余网球积分系统中的运用,具体措施包含了以下内容:

(1) 中国网球协会主办的一切业余网球赛事将使用中国业余网球排名积分系统,利用排名系统来设定种子签位,再根据中国业余网球排名积分进行抽签。

（2）中国业余网球排名积分系统从以前的 2 年排名制升级为 52 周排名体系，只记录 2008 年的业余赛事积分，2008 年之前的积分将全部统一清零，系统也将保留业余球员历年的赛事信息。1973 年，ATP 电脑积分排名系统正式诞生。

经过多年的发展，它的合理性得到了多方的赞誉，被广大球员、赛事及球迷们所接受，成为网坛不可或缺的一部分。该系统较为完善，但由于青少年网球教学比赛毕竟不属于职业性比赛，两者具有差异性，如果照搬使用的话，就不便适用于青少年网球教学比赛。为了更符合实际具体的情况，专门制定一套针对青少年网球教学比赛的简单可行的积分排名系统，可以借鉴 ATP 所运用的 52 周排名系统和冠军排名系统的方法进行改良，可以为不同级别及不同组别的比赛制定一个积分排名方法，这样就可以让运动员更直观地了解自身水平变化情况，还能帮助他们制定目标及提高他们训练的自觉性和积极性，最终提升竞技水平。

二、网球训练中 MEMS 传感器的应用与发展

MEMS（即微机电系统）是在微电子技术基础上发展起来的多学科交叉的前沿研究领域，是智能化时代的一个新兴产物，凭借其体积小、重量轻、功耗低、可靠性高、灵敏度高、易于集成等优势，极大地促进了传感器的微型化、智能化、多功能化和网络化发展，并为终端产品提供足够的设计和研发空间。根据 MEMS 传感器已用的功能，结合网球项目的特点与需求，网球训练中 MEMS 传感器的应用有着良好的发展前景。

MEMS 传感器的种类繁多，其中力学传感器结合网球拍的设计，能够收集击球过程中的运动学和动力学参数，且不对球员在场上的击球位置和击球次数提出限制条件，有着传统高速摄影无法比拟的优势，提高了对球员击球表现量化评估的客观性。其中，MEMS 加速度传感器用于测量载体的加速度，并提供相关的速度和位移信息，能记录球员挥拍过程中的力学参数，反映击球过程中球拍的速度变化，判断球接触到球拍的具体位置，以及球拍的震动情况。MEMS 陀螺仪是一种振动式角速率传感器，能够记录球员的挥拍的方向和轨

迹，结合击球过程中的速度变化曲线，可用于评价技术动作。MEMS压力感受器可用于了解球员的握拍方式和松紧程度。根据以上三种传感器所采集到的参数进行综合评价，可用于帮助球员挑选更适合自己的球拍，反馈场上的击球表现，并监控运动负荷量。[①]

研究发现，MEMS传感器结合网球拍的设计可丰富大数据时代网球场上的信息资源，反馈球员的击球表现，一方面为体育科学发现新课题提供可能，另一方面也为研究成果的应用与推广开辟了新的渠道和更广阔的天地。未来随着MEMS传感器功能的开发，可采集到的数据更加丰富，与之匹配的评价体系以及APP应用软件需要同步建立。数据提取以及算法选择的有效性，将成为这项技术成功运用的关键。重视网球项目特点的深入研究，将有助于MEMS传感器与之高度融合，发挥更大的应用价值。大数据时代的来临为体育科学注入了新的活力，MEMS传感器作为智能时代的一个重要硬件基础，其功能的不断开发与应用将更好地推进体育科学的快速发展，提高体育科学的价值。

三、基于视觉捕捉的网球自拾取机器人系统

在日常网球训练中，为了提高训练效果，减轻运动员和教练员的负担，在网球比赛中最大限度地规避球童受伤的风险，研究人员想到了用机器人来拾取网球。一般情况下，该技术主要包括以下内容：

（1）机器人的路径规划。路径规划技术是机器人控制技术研究中一个十分重要的问题，到目前为止，研究方法主要有传统方法和智能方法两大类。传统的路径规划方法包括自由空间法、图搜索法、删格解耦法和人工势场法等；智能的路径规划方法包括基于模糊逻辑的机器人路径规划和基于神经网络方法的机器人路径规划等。

（2）网球的定位问题。目前，市场上机器人系统的目标定位多基于图像处理的方法，也有基于单目视觉的机器人定位方法，这些方法对图像处理的精度要求较高，算法也相对复杂，并不适用于普通工程技术人员的编程和操作，

[①] 张永埭，刘积德，段立军．网球运动发展理论研究与学练实践［M］．北京：中国时代经济出版社，2014．

难以实现。

（3）网球的抓取功能。目前，国内已有一部分可以拾取网球的机器人，但还没有基于真实环境的机型；现有的机器人采用的抓取方法主要以虎钳式为主，夹持精度不高，运动效率低，而专业化的机械臂价格昂贵，功能多样化，可以完成机械臂在非特定环境下的自主抓取。所用夹持器只有2~3个自由度，自由度不高，作业半径小。国外现有的拾取网球机器人只能实现半自动化，无法独立自主找到散落的球并完成检拾，而且因为体型过于庞大，无法运用于赛场。

总体来说，国内外在通过移动平台捡拾网球上的技术还不够成熟，提升空间很大。同时，它的市场前景又相当广阔。针对以上问题，在以往方法的基础上，改善网球自拾取过程的各个环节，提出一种基于视觉捕捉的网球自拾取方法，并设计整体方案，搭建物理样机，开发出一套造价低廉，控制精度较高，适用于市场的网球拾取机器人系统，即移动机器人与机械臂联合平台，并进行效果验证。

四、正手随挥回球效果的高速摄像技术测试应用

通过近年来网球教学训练发现，网球初学者喜欢模仿网球明星的击球动作。但由于存在身体素质上的差异，在随挥方式上盲目的模仿，导致无法将球"打实"、失去攻击性，并由此急功近利，以至于形成错误的击球动作。直接影响网球教学效果的确定及教学过程。通常而言，击球效果就是指回球的稳定性和威胁性。稳定性和威胁性是不能孤立存在的。回球没有稳定性，球的威胁性就无从谈起；回球仅仅符合稳定的要求，没有给对方威胁，击球的稳定性也就失去了实际价值。所以要提高击球的稳定性，就需研究击球的弧线；要提高击球的威胁性，就要分析击球的过网高度、落地后反弹角度、落点、角度和深度。对教学过程中存在的两种随挥动作在初学者中的合理性进行研究，对底线正手两种随挥击球效果进行对比分析，找出两种随挥动作对球的旋转、速度及落地后弹跳轨迹效果构成影响。

笔者以两个零基础网球选项班的学生为研究对象，在其中选取20名男女学生为测试对象，并以世界和我国优秀的网球运动员正手击球作为研究的参考。实验班与对照班上课人数、上课学时、场地等条件均一致，实验前对两组进行技术和体能测试，保证两组学生实验前均无网球技术基础且体能水平基本一致。采用两台高速摄影机（120帧/秒）CASIO：EX-FH25，同步仪以及数码相机，进行多角度摄像，以获取两种随挥击球后所显示出的不同数据，并对这些数据进行解析，得出最后结论。测试方法如下：

（1）在网球场中选取一片受阳光影响较小的场地。安装高速摄像机，开始测试之前，将1号摄像机安装与网柱水平的位置，高度与网柱平行；2号摄像机安置于球落点的半场区，距落点区域距离为8米，拍摄频率为120帧/秒。每台摄影机对面都有一个记分牌记录有效击球顺序，球网上方10~80厘米处拉有两条红色标示带，网柱的另一侧立一根有尺度的标杆。并对所获得的数据进行储存、分析处理。在2号摄影机所在场地的右半区用彩色胶带标出距底线、边线、网前1.5米的位置。

（2）对高速摄像机进行调试，尤其是光圈及焦距，尽可能使拍摄图像达到最佳效果，减少误差，便于后期对技术动作进行解析。

（3）摄像机开启后，保证中间不停机不碰机，直至测试人员结束图像采集，获取分析所需的完整资料。

参考文献

[1]陈德志．青少年网球体能训练理念与训练内容初探［J］．当代体育科技，2016（26）．

[2]陈建强．网球学与教［M］．上海：复旦大学出版社，2010．

[3]陈禹．网球技巧［M］．北京：中国社会出版社，2008．

[4]杜宾．高校网球运动教学理论分析与方法创新研究［M］．长春：吉林大学出版社，2020．

[5]韩春远．中国青少年网球体能训练指南［M］．广州：广东高等教育出版社，2018．

[6]韩飞．网球教学中的体育教学方法选择及应用分析［J］．当代体育科技，2016（14）．

[7]何绍元，杨健科，朱艳，闻钟波，孙莹瑛．微视频体育教学研究综述［J］．中国学校体育（高等教育），2017，4（3）．

[8]黄颢．谈高校网球教学与训练工作的四个注重［J］．才智，2017（25）．

[9]［美］柯克·安德森．网球技术与战术的执教技巧［M］．赵苏妙译．北京：人民体育出版社，2012．

[10]李东祁，张清雷，史明．网球运动技战术训练与发展研究［M］．北京：九州出版社，2018．

[11]李方江．青少年网球运动快速入门［M］．北京：光明日报出版

社，2014.

［12］李海，史芙英．网球入门教程［M］．北京：人民体育出版社，2006.

［13］李健．基于高速摄像技术测试网球正手两种随挥方式的回球效果［J］．电子测试，2014（1）．

［14］李磊，冯燕辉．对青少年网球运动员体能训练的探讨［J］．河北工程大学学报（社会科学版），2017（2）．

［15］李英豪．西安地区高校校园网球文化研究［D］．西安：西安体育学院，2014.

［16］李玉旭．网球文化对我国网球产业的影响研究［D］．济南：山东大学，2014.

［17］刘冬．影响网球初学者发球技能绩效因素的研究［D］．哈尔滨：哈尔滨师范大学，2014.

［18］刘爽．改革开放后我国网球运动发展的阶段性特征［D］．沈阳：沈阳体育学院，2015.

［19］刘伟．短视频APP在高校体育教学中应用的利弊分析［J］．冰雪体育创新研究，2022（9）．

［20］刘文芳．社会转型期我国竞技网球发展模式研究［D］．开封：河南大学，2013.

［21］刘学哲，张虎祥，吕超．高校网球教学理论与技能训练研究［M］．长春：吉林大学出版社，2012.

［22］栾丽霞．网球运动教学与训练［M］．武汉：华中科技大学出版社，2021.

［23］吕耀杰．青少年网球学练技巧一点通［M］．北京：中国书籍出版社，2022.

［24］马晓刚．我国优秀少年网球运动员的义理特征研究［D］．长春：吉林体育学院，2012.

［25］纽力书．教你网球［M］．长沙：湖南科学技术出版社，2010.

［26］申冬玉．云南网球微信平台在高校网球教学中的实验研究［D］．昆明：云南师范大学，2016．

［27］石磊．青少年体育素质教育——网球［M］．北京：中国戏剧出版社，2008．

［28］宋强．网球全能技术图解［M］．北京：北京体育大学出版社，2008．

［29］陶志翔．网球运动教程［M］．北京：北京体育大学出版社，2006．

［30］王大利．网球教学中的多球练习方法探讨［J］．科技资讯，2017（34）．

［31］王冠．网球教学中传统与现代教学法的应用研究［J］．当代体育科技，2017（18）．

［32］谢昊霖．哲学视野下网球运动的发展探析［D］．湘潭：湖南科技大学，2014．

［33］杨军．高校网球教学中多媒体的开发应用研究［J］．运动，2010（5）．

［34］杨三军，赵伟科．高校网球教学与训练指导研究［M］．长春：吉林大学出版社，2014．

［35］余文娟．从文化的角度探讨中外网球运动［D］．北京：北京体育大学，2012．

［36］虞力宏．网球运动［M］．杭州：浙江大学出版社，2015．

［37］袁娟．高校网球专项力量素质训练的必要性探讨［J］．新西部（理论版），2015（24）．

［38］袁圣敏，张孟其．基于3DMAX的网球辅助教学模型设计［J］．当代体育科技，2014（9）．

［39］詹小虎．普通高校大学生网球教学技术动作难点分析及教法探讨［D］．长沙：湖南大学，2014．

［40］张洁，刘军毅，李忠堂．网球运动技战术科学训练方法［M］．长春：东北师范大学出版社，2011．

［41］张守冬．青少年网球运动训练体系构建研究［M］．长春：吉林大学出版社，2020．

［42］张永垛，刘积德，段立军．网球运动发展理论研究与学练实践［M］．北京：中国时代经济出版社，2014．

［43］张喆，马明纯．网球进阶训练［M］．长春：吉林科学技术出版社，2012．